Anneli Zwiener-Kumpf

Ein Heilig-Abenteuer
Ein andere Weihnachtsgeschichte

Anneli Zwiener-Kumpf

Ein Heilig-Abenteuer

Eine andere Weihnachtsgeschichte

benno

Gewidmet ist dieses Buch meiner Tochter Bernadette,
die seit 2008 Weihnachten jedes Jahr
mit mir zusammen verbracht hat.

Bibliografische Information der Deutschen Nationalbibliothek
Die Deutsche Nationalbibliothek verzeichnet diese Publikation in der Deutschen Nationalbibliografie; detaillierte bibliografische Daten sind im Internet über http://dnb.d-nb.de abrufbar.

Besuchen Sie uns im Internet unter:
www.st-benno.de

Gern informieren wir Sie unverbindlich und aktuell auch in unserem Newsletter zum Verlagsprogramm, zu Neuerscheinungen und Aktionen. Einfach anmelden unter: www.vivat.de.

Dieses Buch ist eine Neuausgabe und erschien im Jahr 2016 unter dem Titel „Öffnet eure Herzen. 24 wunderbare Begegnungen. Ein Adventskalender".

ISBN 978-3-7462-6403-5

Umschlaggestaltung: Ulrike Vetter, Leipzig
Umschlagfoto: © stock.adobe.com/Chekunov Alexandr
Illustrationen: © epifantsev/Fotolia
Gesamtherstellung: Kontext, Lemsel (B)

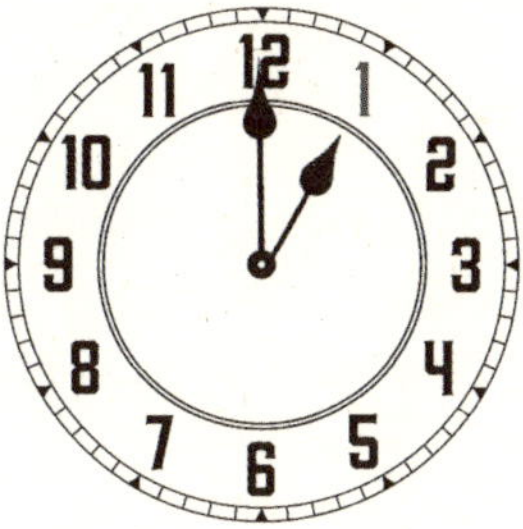

24.12. 0.30 Uhr: Unwetterwarnung:
Im westlichen Europa gilt eine Unwetterwarnung. In den frühen Morgenstunden erreicht das Sturmtief Bertha das europäische Festland. Es ist mit Windgeschwindigkeiten von bis zu 100 Stundenkilometern und starkem Schneefall zu rechnen. Stellenweise fällt über 50 cm Neuschnee. Nachmittags erreicht dann eine Kaltfront Europa und die Temperaturen können auf minus 20 Grad und weniger fallen.

24. Dezember, 1 Uhr – Oberbayern

Schwester Bernarda lehnte sich mit einem Seufzen zurück und starrte auf die Zahlenreihen, die auf ihrem Laptop erschienen. Das war ein gutes Jahr. Nie hätte sie gedacht, dass sie so viel Gewinn erwirtschaften würden. Der Umbau des alten Klostertraktes in ein Hotel hatte sich gelohnt. Alle Zimmer waren belegt und sie waren schon bis Ende März ausgebucht. Sie dachte an den Kampf, den es gekostet hatte, das Hotelkonzept bei ihren Oberen durchzusetzen. Gerade die Mutter Oberin hatte rundweg alles abgelehnt: „Zu teuer, zu teuer. Wir müssen eine Menge investieren: Heizung, Sanitäranlagen, die Zimmerausstattungen. Was, wenn das Angebot nicht angenommen wird? Da bleiben wir dann auf den Kosten sitzen."
Schwester Bernarda war aber hartnäckig geblieben und hatte Kredite organisiert, einen Werbefachmann gefunden, und es hatte sich

gelohnt. Der Gewinn des letzten Jahres überstieg bei Weitem ihre Erwartungen. Sie hatte sich genau die Zielgruppe überlegt: Manager, Angestellte in höheren Positionen, Ärzte, Unternehmer. Die Anmeldungen hatten ihr recht gegeben. Das Angebot: „Entspannen – Abschalten von Hektik und Stress" ließ sich gut verkaufen. In einem Jahr, in dem die Medien viel über Burn-out schrieben, war ihr Angebot wie gerufen gekommen.

Das Kloster bot lukrative Einzelzimmer auf 5-Sterne-Niveau.

Aber das Beste war –, Schwester Bernarda musste bei dem Gedanken daran lachen – das Beste war, dass die spartanisch eingerichteten Zimmer, die sie für besonders wichtige Persönlichkeiten „hergerichtet" hatten, auch gefragt waren und die Gäste anstandslos den gleichen Preis wie für die Luxuszimmer zahlten. Für die Nutzer dieser Zimmer gab es nur kaltes Wasser, keine eigenen Sanitärzellen. Handy, Internet, Fernsehen waren verboten. „Völlig verrückt", hatte die Oberin gewettert. „Wer will denn von denen auf all den Komfort verzichten?"

Aber sie wollten und brachten genügend Geld mit.

Schwester Bernarda war schon weiter mit ihren Gedanken: Was könnte man alles mit dem Geld machen? Eine neue Krippe aus Oberammergau, handgeschnitzt, jede Figur über 1 000 €, oder eine Erweiterung der Schule?

Da klingelte es an der Klosterpforte. Unwillig sah Schwester Bernarda auf ihre Uhr. Ein Uhr! „Wer kommt denn um diese Zeit? Das ganze Kloster schläft ja schon. Morgen wird ein langer Tag. Ach, wenn keiner aufmacht, wird gleich Ruhe." Sie packte schnell ihren Laptop weg, als sie hörte, wie die Klostertür geöffnet wurde.

„Sicher wieder Schwester Donata, die findet eh keine Ruhe", dachte sie unwillig.

Tatsächlich hörte sie die Greisenstimme von Schwester Donata, die schon 87 Jahre alt war:

„Schwester Bernarda, Schwester Bernarda. Sind Sie noch wach?"

„Und wenn nicht, wäre ich es durch dein Geschrei bestimmt." Unwillig machte sich Schwester Bernarda auf den Weg zur Klosterpforte. In der offenen Tür stand Schwester Donata mit einem jungen Mann. „Ein Ausländer – bestimmt aus dem Asylantenheim. Die wissen nie, wie spät es ist." Schwester Bernarda merkte, wie es in ihr zu kochen begann. „Und die lässt den auch noch rein." Sie zwang sich zu einem höflichen Lächeln. „Was gibt es denn, junger Mann?"

Der Ausländer sah ihr doch direkt ins Gesicht und sagte: „Wir brauchen ein Zimmer für die Nacht."

„Na, Deutsch kann er wenigstens ganz passabel", dachte Schwester Bernarda und fragte: „Was heißt wir?"

„Meine Frau und ich", sagte der Mann. „Wir sind von Abschiebehaft bedroht und möchten gern Kirchenasyl. Können wir die Nacht bei Ihnen bleiben?"

„Woher kommen Sie überhaupt?", mischte sich Schwester Donata ein.

„Das spielt doch keine Rolle, Schwester Donata", fuhr ihr Schwester Bernarda über den Mund. „Sie wissen genau, dass wir keinen Platz haben. Alle Zimmer sind belegt, sogar den Banker von der hiesigen Bank haben wir heute abgewiesen."

Der Mann lächelte Schwester Donata an: „Aus Palästina. Wir sollen morgen das Land verlassen, unsere Aufenthaltsgenehmigung ist abgelaufen."

Jetzt wurde Schwester Bernarda richtig wütend. „Das fällt Ihnen aber ziemlich früh ein. Wir haben jedenfalls keinen Platz. Sie wissen gar nicht, was hier über Weihnachten los ist: geschiedene Manager, denen die Decke auf den Kopf fällt. Andere, die den Familienrummel nicht ausstehen können. Wir sind voll belegt. Tut mir leid, Sie müssen sich anderswo umsehen."

„Aber meine Frau ist hochschwanger", bat der junge Mann.

Schwester Bernarda lachte: „Sie denken, das zieht? Irrtum junger Mann. Und jetzt verlassen Sie bitte das Gelände." Sie drängte Schwester Donata von der Tür weg und schmiss die Tür regelrecht ins Schloss. Dann drehte sie den Schlüssel zweimal herum und schaltete die Alarmanlage ein. „Und Sie gehen jetzt auch schlafen." Mit diesen Worten schob sie Schwester Donata vor sich her.

Die alte Schwester blieb stehen und funkelte Schwester Bernarda an: „Sie sind unchristlich, noch dazu heute! Einen Mann und seine schwangere Frau nicht aufzunehmen!"

Schwester Bernarda blieb gleichfalls stehen und starrte die alte Schwester wütend an. „Ich kenne genau die Stellungnahmen unserer Oberen zum Kirchenasyl. Nichts da. Wir sollen uns da raushalten. Genau das mache ich. Gehorsam nennt man das!"

„Aber wenn sie doch schwanger ist? Und in dieser Nacht?"

„Lächerlich, darauf reiten die doch! Ich wette, die hat sich mit Kissen ausgestopft und denkt, so kriegt sie uns. Mitleidgeheische! Die ist doch nicht erst seit heute schwanger. Kommen Sie!", mit diesen Worten schob Schwester Bernarda die alte Nonne vor sich her und ließ erst von ihr ab, als sie an der Zelle von Schwester Donata war und sich vergewisserte, dass diese auch in die Zelle ging.

Dann machte sie sich kopfschüttelnd auf den Weg in ihre eigene Zelle.

Schwester Donata lauschte hinter der Tür. Als sie die Schritte sich entfernen und dann auf der Treppe hörte, öffnete sie die Tür und huschte hinaus.

Sie sah sich immer wieder um und ging schnellen Schrittes zur Kleiderkammer, die das Kloster betrieb. Dort suchte sie schnell und zielsicher Sachen zusammen: Strampler, Hemdchen und Jüpchen und packte alles in einen Einkaufsbeutel, der an einem der Regale hing. Schwester Donata löschte das Licht und ging durch den dunklen Flur zur Eingangstür. Den Alarm wagte sie nicht auszuschalten, aber sie hatte den alten Schlüssel für eine kleine Nebentür, die seit Jahren kaum genutzt wurde. Sie schloss die Tür auf und nahm sich den Umhang, der neben der alten Tür hing. Danach drehte sie sich noch einmal um, schloss gewissenhaft ab und machte sich auf den Weg.

24. Dezember, 2 Uhr – Berlin

Herbert Brandner starrte an die Decke. Er hatte wieder Schmerzen. Das Einschlafen fiel ihm schwer. „Warum tue ich mir das noch an? Es hat ja alles keinen Sinn mehr. Und für wen?“

Herbert Brandner war 65 Jahre alt. Eigentlich kein Alter in der heutigen Zeit. Mit 60 Jahren war er in Altersteilzeit gegangen und mit 63 Jahren in den Ruhestand. Er erinnerte sich noch an den Tag, an dem er das letzte Mal von seiner Dienststelle nach Hause gekommen war. Er hatte Sekt und rote Rosen für seine Frau Margit mitgebracht: „Jetzt geht es los. Jetzt können wir reisen. Wir haben alle Zeit der Welt für uns“, hatte er gesagt und seine Margit lachend in die Arme genommen und sie im Kreis herumgeschwenkt. „Ach ja“, hatte Margit geseufzt, „darauf freue ich mich schon die ganze Zeit.“ Gemeinsam wälzten sie Kataloge, überlegten, prüften und entschieden sich für eine dreimonatige Weltreise. Das Geld war da, die Kinder freuten sich für ihre Eltern.

Doch aus der Weltreise wurde nichts. Einen Monat vor Urlaubsbeginn war Margit zur Routineuntersuchung bei ihrer Gynäkologin. „Sie haben da einen Knoten in der Brust, Frau Brandner. Sicher nichts Schlimmes, aber ich möchte es doch gern untersuchen lassen“, sagte die Ärztin.

Danach ging es Schlag auf Schlag: Biopsie, der Knoten war bösartig und es waren auch schon Metastasen da. Operation der Brust, Entfernung der Lymphknoten, Bestrahlung und Chemotherapie. Nach der zweiten Chemotherapie starb Margit. Zwei Jahre war das erst her.
Zu Beginn dieses Jahres hatte sich Herr Brandner immerzu schlapp gefühlt, müde, zerschlagen. Der Hausarzt, zu dem er seit Jahren ging, hatte ein bedenkliches Gesicht gezogen: „Das gefällt mir ganz und gar nicht, Herr Brandner. Ich lasse Sie mal gründlich durchchecken." Das Ergebnis war für alle niederschmetternd, nur nicht für Herrn Brandner. Er hatte Leukämie. Nur seinen beiden Kindern zuliebe willigte er in die Chemotherapie ein, er selbst hatte seit dem Tod seiner Frau keine Lust mehr. Und nun lag er hier, im Krankenhaus und starrte an die Decke. Ein ganzes Jahr pendeln zwischen zu Hause und dem Krankenhaus.
Plötzlich hörte er die Tür zum Gang auf- und zugehen, es war eine dieser schweren Türen.
Er lauschte angestrengt – eine der wenigen Abwechslungen in der Krankenhausnacht.
„Verlassen Sie sofort die Station", hallte eine tiefe Männerstimme. „Ah, Oberarzt Bleier", dachte Brandner, „hat der heute schon wieder Dienst?" Er nahm seine Infusionsflasche vom Ständer und schlich zur Tür, öffnete sie und sah hinaus.
Im Halbdunkel der Nachtleuchte konnte er einen jungen Mann erkennen. „Ausländer, Türke oder so was", dachte Brandner.
Oberarzt Bleier war sauer. Er hatte sich freiwillig zum Dienst einteilen lassen. Seiner Familie hatte er natürlich gesagt, er wäre eingeteilt worden. Das ganze Weihnachtstheater mit der Vorbereitung ging ihm auf den Geist. Er wollte am Heiligabend nach Hause kommen, wenn alles fertig war: der Lichterbaum geschmückt, das Essen fertig. Seine beiden pubertären Kinder konnte er an diesem Tag noch weniger ertragen als sonst. Er schob lieber in Ruhe seinen Dienst. Die Patienten, bei denen es zu verantworten war, waren

über die Feiertage nach Hause entlassen worden. Einige waren gegen Revers nach Hause. Es versprach also ein ruhiger Tag zu werden, bis dieser Ausländer auftauchte und was von seiner schwangeren Frau faselte.
„Haben Sie überhaupt eine Chipkarte?“
„Eine was?“, fragte der Ausländer zurück.
„Krankenversicherung, da gibt es eine Chipkarte“, reagierte der Oberarzt zunehmend gereizter. „Was wollen Sie überhaupt?“
„Meine Frau bekommt Kind. Wir können nicht abgeschoben werden“, stieß der junge Mann verzweifelt hervor.
„Ach daher weht der Wind. Nix da, mein Freundchen, hier ist keine Entbindungsklinik.“
„Aber Sie doch Arzt?“, fragte der Ausländer.
„Arzt schon, aber für unsere Leute. Und nun mach, dass du Land gewinnst, sonst hole ich die Polizei.“ Der Oberarzt riss die Türe auf und stieß den Mann hinaus. „Und deine verschleierte Madam kannst du auch gleich mitnehmen.“ Er schob die beiden vor sich her bis ins Treppenhaus.
Brandner hatte alles verfolgt. Er hatte sich in Windeseile angezogen. Was ihn trieb, hätte er nicht sagen können. Er raffte noch ein paar Sachen von seinem Nachtschrank, Apfelsinen, Schokolade, Weihnachtskekse, und verließ sein Zimmer, als sich die Tür des Oberarztes wieder geschlossen hatte.
Dann eilte er dem Paar nach.

24. Dezember, 3 Uhr – Lüttich

„Jaques, kommst du? Es ist schon drei Uhr früh". Beata sah auf das leere Bett neben sich und zugleich auf die Uhr. Sie konnte immer schlecht schlafen, wenn sie ihren Mann nicht neben sich spürte. Sicher war er wieder im Arbeitszimmer oder im Wohnzimmer. Seufzend stand Beata auf und zog sich den Morgenmantel über. Dann schlüpfte sie in ihre Pantoffeln und machte sich auf den Weg nach unten.

Jaques Perault hörte sie die Treppe herunterkommen. Er sah auf die Akten, die er sich über die Feiertage mit nach Hause genommen hatte. Dabei nahm er sich jedes Mal vor: Über Weihnachten machst du nichts Dienstliches. Jaques Perault arbeitete bei der Ausländerbehörde. Er war zuständig für die Bearbeitung der Asylanträge. Dabei war Belgien ein gegenüber anderen europäischen Ländern geradezu offenes Land für Asylbewerber. Und trotzdem: Alle konnten nicht bleiben. Viele mussten wieder zurück. Gestern hatte er wieder eine Reihe von Asylanträgen abgelehnt, gerade rechtzeitig zum Jahresschluss. Es waren reine Routineangelegenheiten. Normalerweise störte ihn das auch nicht. Doch irgendetwas war diesmal anders. Jaques überlegte hin und her, aber er kam nicht darauf. Bei den vielen Namen hatte er überhaupt keine Vorstellung, woher die Bewerber kamen noch wie sie ausgesehen hatten.

Beata kam ins Arbeitszimmer. „Kannst du wieder mal nicht abschalten?", fragte sie.
„Komm doch ins Bett. Es wird heute ein langer Tag. Du weißt doch, was wir noch alles machen wollen."
Jaques wusste es. Wie jedes Jahr würden die beiden Töchter kommen, mit ihren Männern und mit den Kindern. Jede hatte einen Sohn und eine Tochter. Zehn Personen zum Abendessen, zur Bescherung, zur Christmette. Er freute sich darauf, und freute sich auch schon, wenn sie dann am ersten Weihnachtsfeiertag nach dem Kaffeetrinken wieder losfahren würden.
„Du hast ja recht, Beata. Ich gehe nur noch mal mit dem Hund raus. Danach kann ich bestimmt schlafen." Er stand auf und sah zur Uhr. „Drei Uhr morgens – da wird der Hund dann früh länger schlafen. Rex! Rex!" Ein großer Bernhardiner, der vor dem Kamin döste, erhob sich schwerfällig und kam auf Jaques zu getapst. „Auch ganz schön alt geworden", dachte Jaques, als er dem Hund zusah. „Geh nur schon wieder ins Bett", sagte er zu seiner Frau. Dann ging er zur Garderobe und zog sich warm an. Diese Nacht sollte es sehr kalt werden. „Komm, Rex." Er überlegte, ob er dem Hund die Leine anlegen sollte. Dann ließ er es doch. Er öffnete die Tür und ging mit dem Hund in die klare kalte Nacht.
„Es sind noch mehr Leute unterwegs", dachte Jaques, als er an die Bushaltestelle kam. Und da fiel es ihm ein: der Aufruf zur Mitternachtsdemo der Asylanten. Einen Tag vor Heiligabend! Wenigstens waren sie so taktvoll und demonstrierten nicht am Heilig Abend. Und auch ein Gesicht fiel ihm plötzlich ein. Ein Palästinenser, der es geschafft hatte, zu ihm vorzudringen. Der trug ihm anschaulich, wortreich, aber verständlich die Gründe vor, warum sie das Bleiberecht haben wollten. Seine Frau sei schwanger. Doch da war er bei Herrn Perault gerade richtig. Jaques hatte ihm erklärt, dass sie sogar Familien mit Kindern – darunter auch Säuglingen – kein Bleiberecht gewähren konnten. Nach Palästina sei es doch nicht so weit. Sie würden es schon noch vor der Entbindung schaffen.

Außerdem hätten sie keine triftigen Gründe. Von wem würden sie denn verfolgt, bitte schön?
Das Gespräch ging ihm noch einmal durch den Kopf. Und er wusste auch warum: Da stand der Palästinenser mit seiner jungen Frau, direkt bei den Demonstranten an der Bushaltestelle. „Das wird immer schöner!“, schimpfte Jaques in Gedanken. „Wenn sie was wollen, schieben sie alle möglichen Gründe vor. Und bei einer Demo spielt es plötzlich keine Rolle mehr, ob die Frau schwanger ist oder nicht.“
Trotzdem wechselte er die Straßenseite, bevor er zu nahe an die Demonstranten herankam. Aus den Augenwinkeln beobachte er sie aber genau. In der Hand hielt er sein Handy, nur für den Notfall. Dann sah er, dass sich das Paar von der Gruppe löste und losging. An der nächsten Ecke bogen sie ab und gingen zum Quai St. Leonard.
Jaques drehte um. Er wollte nach Hause, ins Bett. Er fühlte sich auf einmal ganz müde. „Na komm, Rex“, sagte er zu seinem Hund und drehte sich um. Doch der Hund war nicht da.
„Na, du weißt ja, wo wir wohnen“, ärgerte sich Jaques. Sicher war der Hund schon umgedreht und nach Hause gezottelt, als er sich in Gedanken mit den Demonstranten beschäftigt hatte.
Rex jedoch trottete hinter dem Paar her.

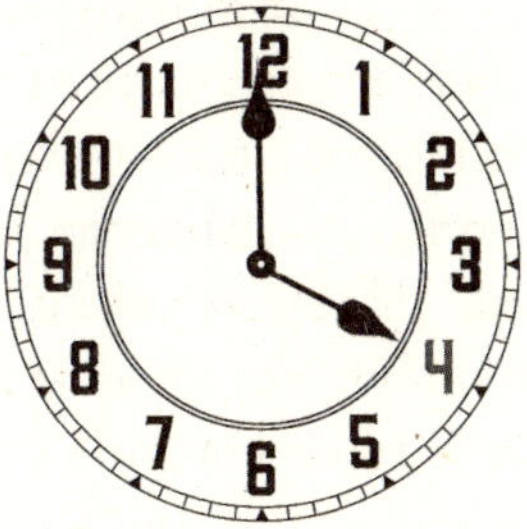

24. Dezember, 4 Uhr – Brüssel

Der Einsatzwagen fuhr an. Polizeikommissar Dricot sah auf die Uhr. Es war genau 4.00 Uhr. Die Aktion war durchdacht und exakt geplant. 4.15 Uhr sollten Mannschaftswagen und Einsatzwagen gemeinsam an dem Haus eintreffen und die Räumung sollte exakt eine Stunde dauern.

Laut Informationen des Innenministeriums sollten sich in dem Haus etwa 100 Illegale aufhalten: Menschen aus Pakistan, Afghanistan und Palästina.

Das Haus war ein großes Gebäude mit riesigen Wohnungen. Seit Jahren stand es leer und wartete auf einen Käufer, der sich nie fand. Dafür fanden aber die Asylbewerber solche Häuser und ließen sich nieder. So lange es überschaubar blieb, drückten die belgischen Beamten schon einmal ein Auge zu. Aber 100 Personen waren denn doch zu viele.

Der Auftrag von Dricot lautete: Räumung der Wohnung, Feststellen der Personalien und Vergleich mit der Liste der Personen, deren Asylantrag abgelehnt wurde. Diese Personen sollten auf den Flugplatz gebracht und mit einer Maschine in ihre Heimat geschickt werden.

Der Zeitpunkt war aus zwei Gründen gewählt: Einer davon war, dass sie zu diesem Zeitpunkt möglichst viele Asylanten antreffen

würden. Der andere war, dass die Aktion um diese Zeit wenig Aufmerksamkeit erregen würde.
Als der Mannschaftswagen eintraf, stand Dricot bereits vor der Tür des Hauses. Er sah sich die Beamten an; überwiegend waren es ganz junge. Die älteren hatten wohl freigenommen oder drückten sich vor diesem Einsatz. Ihm konnte es nur recht sein, die jungen Polizisten waren nationaler eingestellt und eifriger bei der Sache.

4.00 Uhr

Im zweiten Stock des Hauses lagen an die hundert Menschen dicht gedrängt. Es gab kein Licht, nur eine benutzbare Toilette im ersten Stock und auch nur einen funktionsfähigen Wasserhahn. Das Haus war ungeheizt und sehr kalt. Die einzige Wärmequelle stellten die Menschen selbst dar. Einige husteten, andere schnarchten.
Von Kleinkindern bis hin zu alten Menschen war alles vertreten.
Ein junger Mann weckte sanft die schwangere Frau neben ihm. „Komm, wir müssen schnell verschwinden." Da sie nichts weiter hatten, als das, was sie am Leibe trugen, gab es nichts zu packen. Vorsichtig stiegen die beiden über die Schlafenden und gingen die Treppe hinunter. Der Mann öffnete die Tür, die in den Garten führte, der an das Haus grenzte. Er hielt seine Frau am Ellbogen und führte sie zu der Gartenpforte, die hinter dem Haus war.
„Wir müssen hier hinten raus, vorn ist es zu unsicher."
Sie hörten noch die Trillerpfeifen, die Stiefel, die die Treppe hinauftrampelten. Dann bogen sie schon in die Nebenstraße ein.

4.15 Uhr

Hendrik Boest war zum ersten Mal zu einem solchen Einsatz. Sein Herz schlug schneller. Er fand es spannend, aber irgendwie auch unangenehm. Woher das Unangenehme rührte? Er hätte es nicht sagen können. Aber er hielt sich zurück, während seine Kameraden die Treppe hinaufstürmten, als gälte es, einen Feind zu überraschen und zu besiegen. Hendrik fühlte sich immer unbehaglicher. Dann konnte er das Gefühl identifizieren: Es war Scham. Er schämte sich, bei solch einem Einsatz dabei zu sein. Hätte man ihn gefragt, welche Einstellung er zu Asylanten habe, würde er sagen: „Keine. Ich habe darüber nie nachgedacht."

Heute dachte er das erste Mal darüber nach. Seine Eltern und seine Großeltern waren stolz auf ihn. Stolz, dass er die Ausbildung bei der Polizei so gut bestanden hatte, stolz, dass er das erste Mal bei einem großen Einsatz dabei war. Doch weder er noch seine Eltern wussten, worum es bei diesem Einsatz ging, er hatte es erst kurz vor Einsatzbeginn erfahren.

Er sah seinen 85-jährigen Großvater vor sich, wie er vom Krieg erzählte. Das war selten, und nur, wenn er einen über den Durst getrunken hatte. Vom Ausbruch aus dem Kriegsgefangenenlager im Januar 1945 erzählte er. Und wie ihm Bauern das Leben retteten, weil sie ihn drei Monate in einer Scheune versteckt hielten. Was würde sein Großvater wohl dazu sagen?

Hendrik blieb unbemerkt zurück, und ging nicht den anderen nach, die die Treppe emporstürmten. Stattdessen ging er zur Tür an der Hinterseite des Hauses und öffnete sie. Er sah gerade noch zwei Menschen, die vor ihm gingen, das Grundstück verlassen. Und er folgte ihnen unauffällig.

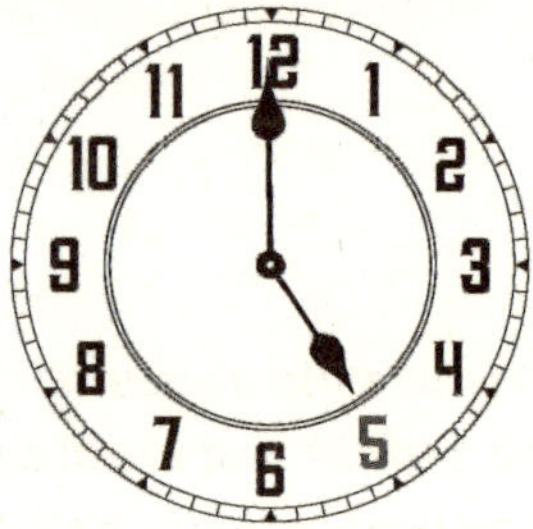

24. Dezember, 5 Uhr – Graz

Pünktlich um 5.00 Uhr wie an jedem Heiligabend begann die Rorate-Messe in Maria Trost. Diesmal war die Kolpingfamilie mit der Ausgestaltung betraut. Jede Woche fand eine Rorate-Messe statt, für die eine der Gruppen aus der Gemeinde die Verantwortung hatte, einschließlich des sich daran anschließenden Frühstücks.

Die Gruppen luden zwar alle Gemeindemitglieder ein, blieben aber meist unter sich.

Es war schwer, in die Gemeinde aufgenommen zu werden, wenn man zuzog. Die Gruppen waren lebendig und doch irgendwie starr. Die Gemeindemitglieder begrüßten neu Zugezogene oft nicht einmal und es dauerte mitunter Jahre, bis man in dieser Gemeinde Fuß fassen konnte.

Alles war schon hundertmal von den wechselnden Seelsorgern angesprochen worden, doch die gingen wieder, die Gemeinde mit ihren Gruppen aber blieb.

Deshalb staunte Anton Pichler, der Vorsitzende der Kolpingfamilie, nicht schlecht, als er das junge Paar sah, dass sich einen Platz in der Reihe hinter den Kolpingbrüdern und -schwestern suchte.

Seine Frau Birgit stieß ihn an: „Was wollen die denn hier? Die kommen ganz sicher nur wegen des Frühstücks“, zischte sie ihrem Mann zu. Anton Pichler war derselben Meinung, aber das gab er nur ungern zu. So zischte er leise zurück: „Pst, der Gottesdienst fängt an."

In diesem Gottesdienst galt die Aufmerksamkeit weniger den sorgfältig ausgesuchten Texten und Liedern. Immer wieder sahen sich Einzelne nach dem Paar um.

Nach dem Gottesdienst wusste Anton Pichler nicht so recht, wie er sich verhalten sollte, und das kam selten vor. Er sah die Blicke der anderen auf sich gerichtet. Daher fasste er sich ein Herz, und ging auf das Paar zu. „Na, Sie sind wohl neu hier? Wir haben Sie jedenfalls noch nie gesehen."

Der Mann reichte ihm die Hand. „Wir sind Asylbewerber aus Palästina."

„Ja und?", fragte Pichler.

„Na ja, wir suchen ein Quartier. Wir haben gedacht, dass wir vielleicht in Ihrer Gemeinde unterkommen könnten. Also, wir möchten Sie um Kirchenasyl bitten." Der junge Mann sah Anton Pichler an.

„Das kann ich nicht entscheiden." Anton Pichler war froh, dass ihm das so prompt eingefallen war. „Darüber kann ich nicht befinden, wissen Sie. Das muss der Pfarrgemeinderat entscheiden und der Pfarrer." Er blickte sich nach dem Pfarrer um. Doch der war schon im Pfarrhaus verschwunden. Zum Frühstück nach der Rorate-Messe kochte seine Haushälterin immer den Kaffee. Pichler überlegte kurz: „Kommen Sie doch erst einmal mit in den Gemeindesaal und frühstücken Sie mit uns. Dann werden wir weitersehen." Er ging dem Paar voraus, die ihm zögernd folgten. Auch die anderen Gemeindemitglieder gingen mit.

Im Gemeindesaal ging Pichler erst einmal zum Pfarrer. Ein paar andere, die die kurze Unterhaltung gehört hatten, schlossen sich ihm an. „Herr Pfarrer", Pichler wies auf den Tisch, an dem sich das Paar gesetzt hatte. „Da ist ein Paar, Palästinenser und Asylanten. Die wollen hier bei uns Kirchenasyl." Unbemerkt war seine Stimme höher geworden.

„Aber Herr Pichler, wie kommen die denn darauf, dass es bei uns möglich ist?" „Keine Ahnung, sie waren einfach in der Messe."

„Na, arm sehen die nicht gerade aus“, bemerkte Herr Huber, der stellvertretende Pfarrgemeinderatsvorsitzende. „Wir können denen doch nicht einfach Asyl gewähren. Wo wollen die denn überhaupt wohnen?“ Der Pfarrer fuhr sich mit der Hand übers Gesicht. „Das fehlte mir gerade noch.“ Unschlüssig blickte er zu dem Paar.

„Sie wissen doch, Herr Pfarrer, wie das mit dem Kirchenasyl in der Nachbargemeinde ausgegangen ist? Als die Familie die Kirche verlassen hat, sind sie festgenommen und abgeschoben worden. Außerdem müssten sie dann versorgt werden. Das können wir gar nicht so schnell organisieren.“

„Ja, ja“, sagte der Pfarrer. „Sie können hier auch nicht wohnen. Da fehlt ja alles, ich meine an Räumlichkeiten, Toilette, Waschgelegenheit.“ Er wirkte immer noch unschlüssig. In seinem Kopf türmten sich die Schwierigkeiten, die sich daraus ergeben könnten. „Was machen wir denn da?“

„Ich habe gesagt, das muss der Pfarrgemeinderat entscheiden“, sagte Pichler bestimmt.

„Genau“, stimmte ihm Huber zu. „Und den bekommen wir nicht zusammen. Nicht heute.“

Jochen Pichler, Pichlers Sohn, der das ganze Gespräch mitgehört hatte, mischte sich ein. „Und wenn sie bei Ihnen schlafen, Herr Pfarrer?“

Pichler zuckte zusammen und sah seinen Sohn scharf an. „Misch dich nicht ein, davon verstehst du nichts.“

Jochen wurde blass und kaute auf seiner Unterlippe. Er war – zum Leidwesen seines Vaters, geistig behindert. Nur leicht, aber immerhin. Und er hatte, wie seine Mutter immer klagte, „ein kindliches Gemüt“, und das, obwohl er schon 30 war. Jochen gab aber nicht so schnell auf. „Die kriegt ein Baby.“

„Auch das noch“, stöhnte Huber. „Wenn ich daran denke, welche Scherereien und Komplikationen das geben kann. Damit will ich nichts zu tun haben. Ich bin Beamter. Das kann ich mir nicht leisten.“

„Ich auch nicht“, erwiderte Pichler scharf. „Also, Herr Pfarrer?“

Dem Pfarrer war nicht wohl, dass er zu einer Entscheidung gedrängt wurde. „Ich schicke die beiden nach dem Frühstück zur Caritas. Um 8 Uhr ist sicher jemand da. Sollen die sich darum kümmern." Dann ging er zu dem Paar.
Huber und Pichler seufzten fast gleichzeitig. „Ich hatte schon Angst, dass er wieder weich wird." Beide sahen mit einem misstrauischen Blick zum Pfarrer und dem Paar. Jochen hatte sich derweilen unbemerkt in die Küche geschlichen und packte Essen in seinen Beutel, den er immer mit sich trug: Apfelsinen, geschnittene verpackte Stolle, Süßigkeiten. Alles ließ er rasch in seinem Beutel verschwinden. Dann zog er sich an und ging vor die Tür.
Der Pfarrer redete inzwischen mit dem Paar. „Sie können hier leider nicht bleiben, aus organisatorischen Gründen. Ich gebe Ihnen die Adresse der Caritas-Stelle. Die öffnet um 8 Uhr, auch heute. Melden Sie sich bitte dort. Die werden Ihnen sicher weiterhelfen." Mit diesen Worten überreichte er ihnen eine Visitenkarte. Er vermied es, dem Mann und der Frau in die Augen zu sehen. „Eigentlich eine Schande für unseren Staat, dass diese Menschen zur Kirche kommen müssen", dachte er ärgerlich. Dann schüttelte er dem Paar die Hand: „Trotzdem, Kopf hoch. Und eine frohe Weihnacht."
Schnell ging er wieder zu Pichler und Huber, die ihm einen Platz neben ihrem reserviert hatten.
„Na und, war es schlimm?", fragte Pichler.
„Eigentlich nicht, aber ein ungutes Gefühl habe ich doch", seufzte der Pfarrer und sah nachdenklich dem Paar nach, die jetzt aufstanden und gingen.
„Aber wieso, Herr Pfarrer?", fragte Huber. „Die Idee mit der Caritas ist doch goldrichtig. Die wissen doch, wohin mit solchen Menschen."
„Und schließlich gehen genug Gelder dorthin", dachte er bei sich. Dann sahen alle drei dem Paar nach, das den Gemeindesaal verließ.
Auf dem Pfarrhof stand Jochen. Er ließ das Paar vorübergehen und folgte ihnen dann in angemessener Entfernung, den Beutel fest an sich gedrückt.

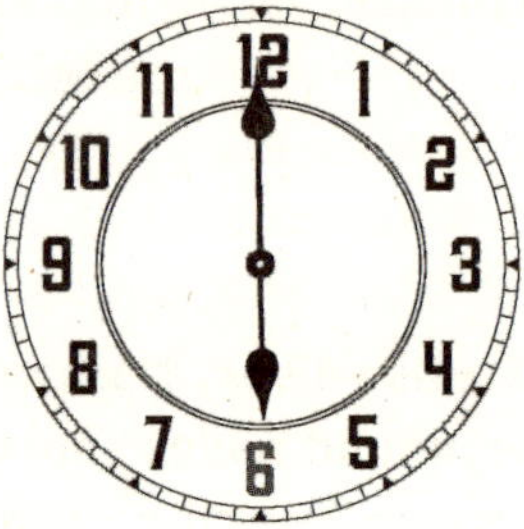

24.12., 6 Uhr: Unwetterwarnung:
Seit der Nacht sind in weiten Teilen Europas 50 cm Neuschnee gefallen. Die Flughäfen Frankfurt am Main, Heathrow, Charles de Gaulle, Amsterdam und Brüssel haben alle Flüge innerhalb Europas ersatzlos gestrichen. Reisende werden aufgefordert zu prüfen, ob ihre Flüge außerhalb Europas betroffen sind.
Der Eisenbahnverkehr ist in weiten Teilen Europas zum Erliegen gekommen.
Aufgrund der erwarteten Kältewelle ist mit einer Entspannung der Verkehrssituation nicht vor dem 27.12. zu rechnen.

24. Dezember, 6 Uhr – Brüssel

Jan van der Wippel war zufrieden, sehr zufrieden sogar. Das Unwetter schien ihm den besten Umsatz des Jahres zu bescheren. Van der Wippel betrieb eine Bäckerei mit Café in der Bahnhofspassage des Brüsseler Südbahnhofes.
Schon seit gestern Abend war der Zustrom der Reisenden ungebrochen. Die meisten konnten nicht zum Flughafen und kamen zum Bahnhof, in der Hoffnung, dass sie noch einen Platz in den überfüllten Zügen fänden. Alle warteten, und irgendwann kamen sie zu ihm: auf eine Tasse Kaffee, eine heiße Suppe, ein Brötchen.
Jan van der Wippel hatte wieder den richtigen Riecher, wie er sich

insgeheim gestand. Er hatte kurz entschlossen die Ladenöffnungszeit geändert. Kurzum: Er hatte gar nicht geschlossen. Seiner Backgehilfin Ljudmilla aus dem Kosovo hatte er dies wie folgt begründet: „Sieh doch die armen Menschen an: Sie sitzen alle fest. Keiner hat damit gerechnet, sie haben weder zu Essen noch zu Trinken mitgenommen." Ljudmilla dachte sich ihren Teil bei diesen menschenfreundlichen Äußerungen. Auch als van der Wippel die Preise senkte – „als kleines Weihnachtsgeschenk für die armen Reisenden" – dachte sie sich ihren Teil. Das Geschäft würde schon aufgehen, und der Umsatz war so hoch wie im ganzen Jahr nicht. Gewiss, es gab schlechtere Arbeitgeber. Sie konnte abends Kuchen und Brot umsonst mitnehmen, und konnte auch tagsüber essen und trinken, so viel sie wollte, wenn sie dazu kam.

Und noch einen Grund hatte van der Wippel, sich zu freuen. Er hatte von der Säuberungsaktion der belgischen Polizei gehört, und wusste als einer der wenigen, dass auch der Südbahnhof für eine groß angelegte Razzia auf der Liste stand. Einer seiner Kunden hatte es ihm gestern gesteckt. Van der Wippel hatte sich wieder einmal beschwert, dass all die Obdachlosen, Junkies und Ausländer die Bahnhofspassagen als Heimat ansahen, und vor allem vor seinem Geschäft häufig Zuflucht suchten. Da war es warm, es roch nach Essen und sie konnten Reisende anbetteln oder in der aufgestellten Mülltonne nach Essensresten suchen, ekelhaft.

Um 6 Uhr sollte die Aktion losgehen. Van der Wippel hielt immer wieder Ausschau.

Die Aktion verfolgte auch den Zweck – wie sich nachträglich herausstellte –, dass der Bahnhof für Reisende freigehalten werden sollte, die festsaßen. Und auch das sah er als menschliches Anliegen.

Doch jetzt blickte van der Wippel erst einmal ärgerlich und missbilligend auf dieses junge Paar. Seit ein paar Tagen kamen sie nun schon regelmäßig zu seinem Geschäft und ließen sich davor nieder. Er hatte nichts gegen Ausländer, schließlich hatte er ja Ljudmilla angestellt. Aber diese Araber waren ihm unheimlich. Und die Frau war auch noch schwanger, sogar sehr. Wie unbeholfen sie ging. Na ja, wenigstens hatte sie einen Mann. Van der Wippel überlegte. Die beiden vor der Ladentür würden ihm den Umsatz vermiesen, das stand fest.

Schließlich gab er sich einen Ruck. „Ich bin halt doch ein Gutmensch“, dachte er. Laut sagte er: „Ljudmilla, zwei Tassen Kaffee und zwei Croissants für die beiden Herrschaften hier.“

Ljudmilla ließ sich das nicht zweimal sagen. „Was ist denn in den gefahren? So kenne ich den gar nicht. Der ist doch bei allem nur auf Gewinn aus.“ Dann brachte sie das Gewünschte zu dem jungen Pärchen. Sie musterte mitleidig die junge Frau. „Bei der ist es bald so weit, heute oder morgen.“ Ljudmilla kannte sich aus. Sie hatte selbst drei Kinder, drei Jungen. Doch die beiden älteren hatten das Massaker von Srebrenica nicht überlebt, nur der jüngste, mit dem sie dann gemeinsam mit vielen anderen Bosnien fluchtartig verlassen hatte. Sie wusste, was es heißt, auf der Flucht zu sein, in Flüchtlingslagern untergebracht zu sein. Ljudmilla seufzte und kämpfte die Tränen nieder. „Hier bitte“, sagte sie zu den beiden. „Mit freundlichen Grüßen von meinem Chef.“

„Danke, danke“, sagte der junge Mann und griff ihre Hand. „Sie sind so gut. Das ist das erste Mal seit gestern, dass wir etwas zu essen bekommen.“

Hinter Ljudmilla tauchte van der Wippel auf. „Ljudmilla, geh' wieder rein. Die Kundschaft wartet.“ Dann wandte er sich an das Pärchen. „Ihr müsst hier weg, und zwar gleich. Jede Minute kann die Razzia beginnen. Da müsst ihr eure Aufenthaltserlaubnis vorzeigen. Habt ihr die?“

Der junge Mann schüttelte traurig den Kopf. „Keine Aufenthaltserlaubnis, abgelehnt. Ich gehe aber in Widerspruch“, sagte er trotzig. „Das kannst du ja immer noch tun. Aber heute hilft dir das nicht viel. Ihr werdet abgeschoben. Ich weiß das aus sicherer Quelle. Nun macht schon.“

Die junge Frau erhob sich stöhnend. „Yussuf, lass uns gehen. Und danke nochmals, für den Kaffee und die Croissants und dass Sie uns gewarnt haben."

Van der Wippel drehte ihnen den Rücken zu und ging zurück in seinen Laden.

Ljudmilla hatte alles angehört. Sie kochte innerlich. „So ein Heuchler." Sie blickte auf das Paket, das sie letzte Nacht gepackt hatte: Kuchen, Brot und Brötchen. Dann ließ sie noch zwei Thermoskannen mit Kaffee volllaufen. „Chef, ich gehe jetzt. Ich bin seit 24 Stunden auf den Beinen und kann nicht mehr. Nina wird gleich da sein." Und ehe van der Wippel etwas sagen konnte, verließ sie eilig den Laden. Sie sah gerade noch das Pärchen um eine Ecke verschwinden und folgte ihnen, so schnell es ging.

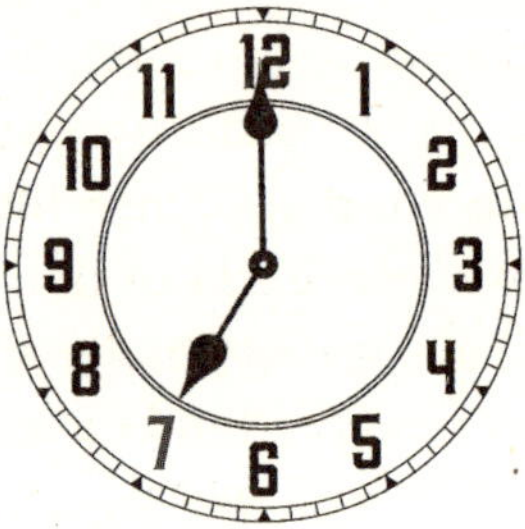

24. Dezember, 7 Uhr – Zürich

Die letzten obdachlosen Männer verließen das Obdachlosenhaus. Sie tranken noch ihren Kaffee, packten ihre Tüten und zogen sich dick und warm an, bevor sie sich in das Schneetreiben begaben. Anton und Freddy unterhielten sich noch. Sie wollten den Gang in die Kälte so weit wie möglich herauszögern. „Wo gehst du denn heute hin?", fragte Anton.

„Ich werde versuchen, zum Bahnhof durchzukommen", meinte Freddy.

„Was ist denn da los?" Beide beobachten gespannt, wie der „Herbergsvater" sich mit einem jungen Paar immer lauter unterhielt.

„Sie können hier nicht bleiben. Um 7.00 Uhr sind die Obdachlosenhäuser zu räumen, basta. Das ist Gesetz und daran muss sich jeder halten, auch ihr beide." Der „Herbergsvater" Walter Zogg wurde immer lauter. „Außerdem steht groß ‚Nur für Männer' draußen dran. Hier, hier – ihr könnt doch lesen!" Fast wütend zeigte er auf das Schild.

Das junge Paar ließ sich aber nicht beirren und redete weiter auf den Herbergsvater ein. „Sie sehen doch, meine Frau ist hochschwanger. Sie können uns nicht in das Schneetreiben schicken", sagte der junge Mann.

„Und ob ich das kann!“, fauchte Walter Zogg wütend. „Ihr seid ja auch bei dem Schneetreiben hergekommen. Für euch sind andere zuständig. Wir haben genug mit unseren Obdachlosen zu tun. Habt ihr denn Papiere? Arbeitserlaubnis? Aufenthaltsgenehmigung?“

Der junge Mann zuckte mit den Schultern: „Nein, die haben wir nicht.“

„Das wird ja immer schöner. Denkt ihr, ich will mich auch noch wegen euch mit der Polizei anlegen?“

Die junge Frau zupfte ihren Gefährten am Ärmel. „Komm, Yussuf. Wir haben hier kein Glück. Lass uns weitergehen, ehe er noch die Polizei holt.“

Der junge Mann, den sie Yussuf genannt hatte, wirkte verzweifelt. „Aber wir können nicht weiter. Was ist, wenn das Kind kommt? Willst du das auf der Straße bekommen, bei dem Wetter?“

Walter Zogg sah seine Chance, die beiden loszuwerden. „Sie können hier nicht bleiben. Dafür gibt es andere Stellen, das habe ich euch schon einmal gesagt.“ Dann wandte er sich an Anton und Freddy. „Und ihr macht auch, dass ihr rauskommt. Ihr seid eh' schon spät dran.“

Anton und Freddy tranken ihren Kaffee aus und gingen zur Tür. Anton schleppte zwei volle Plastetüten mit. Seine gestrige Ausbeute aus der Kleiderkammer. Drei Handtücher und ein Bettlaken.

Freddy machte Witze über seine Ausbeute. „Ich möchte wissen, wozu du das Zeug brauchst. Hättest dir lieber Mütze und Schal mitnehmen sollen. Aber du schleppst alles mit.“

Anton murmelte etwas in seinen Bart und ging zur Tür. Vor ihm verließ gerade das junge Paar die Herbergsstätte. „Arme Schweine“, murmelte Anton.

Walter Zogg hörte das. „Du hast ja gut reden“, tönte er, „von Sozialhilfe leben, sich nichts leisten können. Außer Mitleid, das kannst du dir gerade noch leisten. Kostet ja auch nichts.“ Dann schlug er die Tür hinter ihnen zu.

„Kommst du mit zum Bahnhof?“, fragte Freddy.
Anton sah dem Paar nach. „Nee, ich habe noch etwas zu erledigen. Wir sehen uns heute Abend wieder.“
Dann eilte er dem Paar nach.

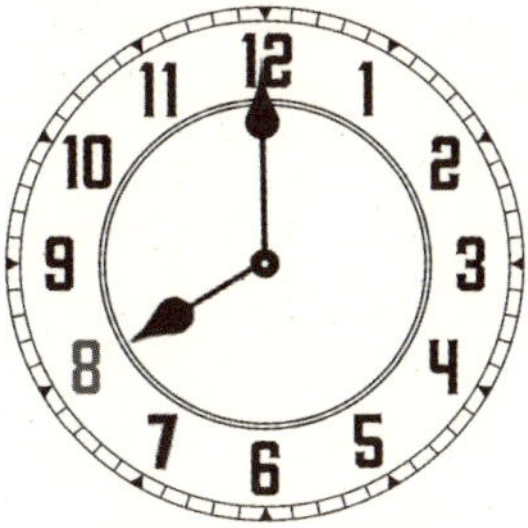

24. Dezember, 8 Uhr – Graz: Caritas-Haus

Sebastian nahm die zwei Säcke mit Kleidung, die vor der Kleiderkammer lagen und schüttelte den Schnee von ihnen ab. Dann schloss er die Tür zur Kleiderkammer auf und zog die Säcke hinter sich her. Er wischte sich den Schweiß von der Stirn. Normalerweise benötigte er nur zwanzig Minuten zu Fuß von seiner Wohnung bis in die Caritas-Stelle. Heute hatte er anderthalb Stunden gebraucht. Der Schnee lag so hoch, und es herrschte immer noch ein starkes Schneetreiben, sodass er kaum die Hand vor Augen sehen konnte. „Hoffentlich kommt Theresa bald", dachte er. Theresa war die Sozialarbeiterin und Leiterin des Caritas-Hauses. Es war ausgemacht, dass er ihr den Schlüssel übergeben sollte und dann um 9 Uhr wieder gehen konnte.
Sebastian beschloss, die Säcke zu öffnen und die Kleidung einzusortieren. Im ersten Sack war Bettwäsche: Bettbezüge und Bettlaken, alles fast neu. „Was die Leute alles wegschmeißen." Er sortierte die Wäsche in die Regale. Im zweiten Sack war Babykleidung. Vorsichtig nahm er die einzelnen Stücke in die Hand. „Richtig niedlich."
Er hörte, wie die Eingangstür aufging. „Theresa?", fragte Sebastian. „Ja, ich bin's. Das ist ja ein Sauwetter. Ich bin nur gekommen, um den Schlüssel zu holen. Wir machen heute keinen Dienst mehr. Bei dem Wetter kommt sowieso niemand", rief Theresa zurück.

Sie hatte kaum ausgesprochen, als sich die Tür abermals öffnete. „Wir haben heute geschlossen“, hörte Sebastian Theresa sagen. „Es ist Heiligabend, da haben wir sowieso nur bis um elf geöffnet und bei dem Wetter machen wir heute nichts. Kommen Sie nach den Feiertagen wieder.“

Sebastian versuchte aus der Kleiderkammer ein Blick auf die zu erhaschen, die gekommen waren. Es war ein junges Paar, sie sahen arabisch aus. Der junge Mann stützte die Frau, die schwanger war. Beide wirkten sehr müde.

„Wir sind hierher zu Ihnen geschickt worden. Sie sollen uns weiterhelfen“, sagte der Mann zu Theresa.

„Wer hat Sie denn geschickt?“, fragte Theresa. Sebastian erkannte den Unwillen in Theresas Stimme.

„Der Pfarrer von Maria Trost. Wir brauchen ein Quartier für die Nacht.“

„Aber bestimmt nicht hier“, erwiderte Theresa energisch. „Hier wird gleich abgeschlossen. Und das Caritas-Haus bietet auch keine Übernachtungsmöglichkeit.“

„Sie haben doch genug Platz hier“, insistierte der junge Mann.

Jetzt wurde Theresa ärgerlich: „Genug Platz! Sie denken doch wohl nicht, dass ich Sie beide hier allein lassen kann. Selbst wenn Sie hier übernachten könnten, es gibt kein Essen, keine richtigen Sanitäranlagen. Wir haben nur Büros und die Kleiderkammer hier. Außerdem bin ich für die Sicherheit verantwortlich.“

Sebastian kannte diesen Ton. Wenn Theresa ihn anschlug, gab es keine Diskussion mehr. Er sah auf das junge Paar. Sie taten ihm leid. „Bei diesem Wetter ohne Obdach, das ist wahrlich kein Spaß.“ Automatisch legte er die Babywäsche wieder zurück in den Sack.

„Wohin sollen wir denn gehen?“, drängte der junge Mann.

„Na hier können Sie nicht bleiben. Wo sind Sie denn hergekommen? Sie müssen doch in den letzten Tagen auch eine Unterkunft gehabt haben. Also?“ Theresa stand nun fast drohend vor dem jungen Paar. „Los, gehen Sie, sonst rufe ich die Polizei!“

Sebastian dachte schnell nach. So hatte er Theresa noch nie erlebt. Seitdem er sein soziales Jahr im Caritas-Haus machte, hatte er noch keine solche Reaktion von Theresa beobachtet. „Wahrscheinlich haben die beiden keine Aufenthaltsgenehmigung", überlegte Sebastian. Theresa hatte für solche Leute einen Blick. Aber trotzdem, das Paar in das Schneetreiben zu schicken!
„Es ist jetzt acht Uhr und heute wird in der Stadt von acht bis zwölf gearbeitet", hörte er Theresa sagen. „Da gibt es sicher noch genug Unterkünfte und Stellen in der Stadt, wo Sie bleiben können. Hier jedenfalls nicht."
Sie schob die beiden durch die Tür und stöhnte: „Uff, das hat mir gerade noch gefehlt. Die haben garantiert keine Aufenthaltsgenehmigung und wahrscheinlich sollen sie ausgewiesen werden."
„Hast du kein schlechtes Gewissen?", fragte Sebastian.
„Ja," entgegnete Theresa. „Gegenüber meinen zwei Kindern, die allein zu Hause sind, gegenüber meiner Großmutter, die ich schon gestern aus dem Altenheim holen wollte, weil ich ihr versprochen habe, dass sie die Feiertage mit uns verbringt."
„Verstehe", meinte Sebastian. Er legte den Schlüssel hin. „Trotzdem, frohe Weihnachten."
„Danke, dir auch. Ich gehe nur noch mal durch und stelle die Heizung etwas höher. Du kannst dann gehen."
Sebastian wartete, bis ihm Theresa den Rücken gekehrt hatte. Dann nahm er sich den Wäschesack und ging hinaus. Er konnte gerade noch das junge Paar sehen, wie es um die Ecke bog, und folgte ihnen.

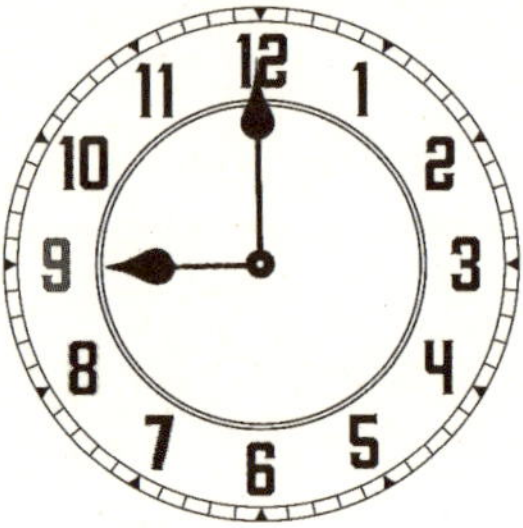

24. Dezember, 9 Uhr – Husum

„Lass das, das ist meine Puppe. Maaama!“ Die Kinderstimme schrillte durch das ganze Haus. „Maaama! Tobias hat mir meine Puppe weggenommen.“

„Verdammt noch mal!“ Pastor Hilmar Bergmann knallte mit der flachen Hand auf den Tisch. „Mensch, Friederike, kannst du denn nicht einmal dafür sorgen, dass die Kinder Ruhe geben. Ich muss meine Weihnachtspredigt fertig machen.“

Friederike, die Frau des Pastors von Husum, ließ den Weihnachtsschmuck stehen, den sie gerade geholt hatte, um den Baum zu schmücken, und eilte in das Kinderzimmer.

Die drei Kinder stritten sich schon wieder. Der sechsjährige Tobias zerrte an einem Bein der Puppe, Ruth, die fünf Jahre alt war, zerrte an dem anderen. Daneben stand die vierjährige Tabea und schrie durchdringend: „Maaama, die machen meine Puppe kaputt.“

Hilmar Bergmann stöhnte laut: „So geht das nicht! Ruhe!“, brüllte er nun und machte dann laute Musik an. Er wollte die Weihnachtspredigt schon längst fertig haben. Sie sollte ausgefeilt sein wie immer, eine tolle Botschaft. Schocker, nannte er dies insgeheim. Dafür waren seine Predigten berühmt: die Menschen konfrontieren mit dem wirklichen Elend, wachrütteln. Sie kamen ja auch deshalb zu seinen Weihnachtspredigten. Und sie kamen sogar von weit her.

Doch diesmal war es wie verhext. Er fand keine Ruhe, die Predigt zu schreiben, und auch keine Muße für die zündende Idee. Sicher lag es auch an dem Schneechaos, das über Norddeutschland hereingebrochen war. Seit gestern musste er Schnee schieben, vor dem Pfarrhaus, vor der Kirche. Weder der Kantor noch irgendein anderer aus der Gemeinde kam ihm zuhilfe. Sie hatten alle selbst zu tun.
Friederike hatte inzwischen die Kinder getrennt. Tobias war in seinem Zimmer, die beiden Mädchen beruhigten sich.
„Es tut mir leid“, sagte sie zu Hilmar. „Denkst du denn überhaupt, dass heute die Christmette stattfinden kann? Wie sollen die Leute überhaupt hierherkommen?“
„Friederike!“ Der Pastor war fast am Explodieren. „Ich kann doch nicht keine Predigt vorbereiten, und wenn nur zehn kommen!“
An der Haustür läutete es. „Auch das noch. Das ist ja zum Verrücktwerden!“
„Ich geh schon, Hilmar.“ Friederike eilte zur Tür und öffnete. In dem Schneegestöber konnte sie fast gar nichts sehen. „Ein junges Paar“, dachte sie, als sie eine Weile in den Schnee gestarrt hatte. „Ja bitte?“, fragte sie die beiden.
Der Mann, unverkennbar ein Ausländer, sagte: „Bitte, bitte, wir brauchen ein Quartier.“
Friederike war völlig verdattert.
Ehe sie noch antworten konnte, schrie ihr Mann: „Tür zu! Es wird ja ganz kalt.“ Friederike zögerte. Ihr Blick fiel auf die Frau. „Die ist hochschwanger“, dachte sie. Inzwischen waren auch die Kinder auf der Treppe. „Was ist denn, Mami? Wer sind denn die?“
Hilmar reichte es. Er sprang auf und stürmte zur Haustür. Ohne das Paar auch nur anzusehen, knallte er die Tür zu und schloss ab. „Wie oft soll ich dir noch sagen, dass du nicht einfach die Tür aufmachen sollst?“, fuhr er seine Frau an.
„Aber die waren doch harmlos.“
„Harmlos? Harmlos? Und woher willst du das wissen?“
„Sie wollten doch nur Quartier“, verteidigte sich Friederike.

„Quartier?", entgegnete Hilmar höhnisch. „Sind wir jetzt ein Hotel? Wenn sie bis hierhergekommen sind, dann finden sie auch noch ein Hotel. So und nun lasst mich in Ruhe. Das ist ja wie im Tollhaus."

Ruth schmiegte sich erschrocken an ihre Mutter. So hatte sie den Vater noch nie erlebt. Er schimpfte zwar immer mal, aber doch nicht so. Sie hatte die Frau gesehen, die Augen.

Ruth lief in ihr Kinderzimmer zurück. „Kommst du mit, Tobi?", fragte sie ihren älteren Bruder.

„Wohin denn?"

„Wir könnten den beiden den Weg zur Pension „Leuchtturm" zeigen", entgegnete Ruth. Rasch zogen sich die beiden an.

„Wir müssen aber aufpassen, dass es Mama nicht merkt", mahnte Tobias. „Wie viel Taschengeld hast du denn noch?", fragte er Ruth.

„Ich weiß nicht. Warum?"

„Na, vielleicht haben die auch kein Geld." Tobias griff nach seinem Sparschwein und nach kurzem Zögern steckte auch Ruth ihr Sparschwein ein. Leise schlichen sich die beiden durch das Haus und liefen durch den tief verschneiten Garten dem Paar nach.

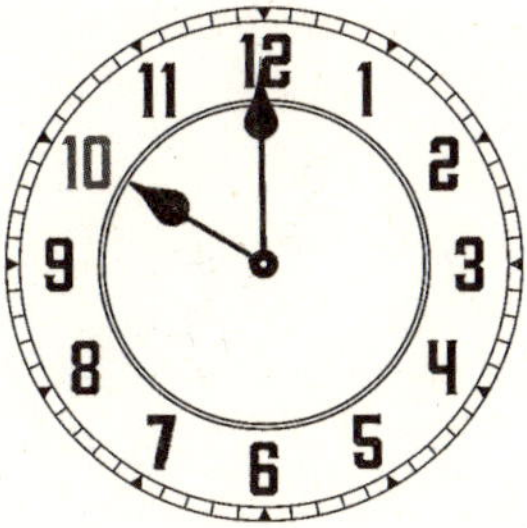

24. Dezember, 10 Uhr

In fast allen Teilen Europas schneite es ununterbrochen. Der private Autoverkehr kam zum Erliegen. Die Räumfahrzeuge waren pausenlos im Einsatz. In den ersten Gebieten brach die Stromversorgung zusammen, weil die Überlandleitungen der Schneelast nicht gewachsen waren.

Davon wusste das Paar nichts. Sie gingen einfach weiter, auf der Suche nach einem Platz, einem Zimmer. Jeder Schritt wurde zur Qual, da der Schnee so hoch lag. Auch die Kälte machte ihnen zu schaffen. „ Ich kann bald nicht mehr", sagte die junge Frau. „Mir ist so kalt. Können wir uns denn nicht unter eine Brücke setzen? Oder irgendwo? Ich will nur ausruhen."

Der Mann zog sie an sich. „Wir dürfen nicht stehen bleiben, wir dürfen uns nicht ausruhen. Das wäre unser Tod. Du musst durchhalten. Denk an das Kind! Ganz sicher finden wir heute noch eine Unterkunft. Komm weiter." Schweigend stapften sie weiter durch den Schnee. „Sieh mal, Miriam. Da vorn! Eine Kirche! Vielleicht ist die offen, da können wir uns etwas ausruhen."

24. Dezember, 11 Uhr – Kirche Saint Etienne de Metz

In der Kirche schwangen die letzten Töne des „Te Deums" von Marc Charpentier im Raum. Jerome de Montpellier klopfte mit dem Taktstock auf das Pult. „Dann bis heute Abend. Pünktlich halb zehn will ich, dass ihr alle aufgestellt seid."

Der Chor und die Musiker gingen die Empore hinab. Langsam leerte sich die Kirche. Das Schwatzen, die Gespräche wurden leiser. Jerome wischte sich den Schweiß von der Stirn. „Wie lange will ich mir das eigentlich noch antun?", dachte er. Seit September übte und probte er, jedes Jahr für das Highlight zur Christnacht. Keine Zeit für Besinnung, keine Zeit für Familie und Freunde. Für ihn war Weihnachten immer mehr zum Stress geworden. „Na, Judith", sagte er zu der jungen Frau, die noch nicht gegangen war, sondern unschlüssig neben ihm stand. Judith war seine Entdeckung. Eine erstklassige Sopranistin, die er schon gefördert hatte, als sie noch im Kinderchor sang. Während ihres Musikstudiums in Paris waren sie immer in Kontakt geblieben. Nach dem Studium war sie wieder nach Metz gekommen. Er schätzte sie sehr, nur ihre Sensibilität machte ihm mitunter zu schaffen. Sie litt mit allen mit, und nahm sich die Schicksale der Chormitglieder zu sehr zu Herzen.

„Was machst du denn noch hier? Dich zieht es wohl nicht nach Hause?"

Judith seufzte. Jerome schalt sich selbst. Er wusste um die schwierigen Familienverhältnisse. Der Vater war Quartalssäufer und meist war es um die Weihnachtszeit besonders schlimm. „Trinkt er wieder?", fragte er.

Judith nickte. „Seit gestern. Aber du hast schon recht. Ich muss nach Hause, bevor er wieder meine Mutter verprügelt." Sie nahm ihre Noten und sie gingen zusammen die Empore hinunter.

„Ich muss noch abschließen." Jerome nahm den Schlüsselbund. „Vorher muss ich noch mal durch die Kirche. Du kannst ja mitkommen." Nach dem letzten Kirchenraub hatten alle Weisung erhalten, darauf zu achten, dass die Kirche leer war, bevor sie abschlossen. Sie gingen durch das große Kirchenschiff.

Plötzlich stieß ihn Judith an. „Da, sieh mal, das Paar im Mittelgang." Jerome sah hin. Ein Paar saß eng umschlungen in der Kirchenbank, als könnten sie durch ihre Nähe zueinander die Kälte vertreiben. Er ging zu den beiden: „Sie müssen leider gehen. Ich muss jetzt die Kirche abschließen."

Der Mann sah ihn an. „Können wir nicht hierbleiben? Bitte! Meine Frau kann nicht mehr. Und draußen ist es noch kälter als hier und der viele Schnee."

Judith flüsterte Jerome ins Ohr: „Die Frau ist schwanger."

„Na und?", zischte Jerome zurück, „das ist keine Krankheit. Und hier können sie nicht bleiben. Das weißt du genau. Das letzte Mal waren es auch Ausländer, die den Diebstahl begangen haben." Zu dem Mann meinte er: „Es tut mir leid. Aber Sie müssen sich eine andere Bleibe suchen. Gehen Sie doch in eine Pension oder einen Gasthof."

„Wir haben kein Geld", seufzte die schwangere Frau.

„Und wohl auch keine Aufenthaltsgenehmigung?", hakte Jerome nach.

„Die auch nicht", flüsterte die junge Frau.

Jerome wurde langsam ungeduldig. Er wollte nach Hause. Wenigstens noch etwas ausruhen, der Abend würde lang und anstrengend werden. Solche großen Aufführungen hatten ihn schon immer unleidlich gemacht. „Los, ich habe Ihnen doch gesagt, es geht nicht."
„Jerome!" Judiths Stimme klang flehend.
„Ach was", fuhr er sie an. „Dafür sind wir doch nicht zuständig. Wir haben sie doch nicht ins Land geholt."
Das Paar erhob sich. Die schwangere Frau stöhnte und drückte ihr Kreuz durch, sodass sich ihr Bauch noch mehr vorwölbte.
„Ach Gott", dachte Jerome. „Jetzt will sie noch an mein Mitleid appellieren." Er wandte sich ab und wartete, bis die beiden die Bank verließen. Dann ging er mit Judith hinter ihnen her, bis sie die Kirchentür erreicht hatten. Er wartete, bis das Paar die Kirche verlassen hatte und schloss das Tor. Er selbst wollte die Kirche durch einen Seiteneingang verlassen.
„Judith?" Er drehte sich um, wo war die denn hin? „Judith?"
Doch Judith hörte ihn nicht mehr. Sie war von ihm unbemerkt durch das Portal geschlüpft. Mit ihren Noten in der Hand und hundert Euro im Portemonnaie folgte sie dem Paar, das sich über den Platz vor der Kathedrale durch den Schnee kämpfte.

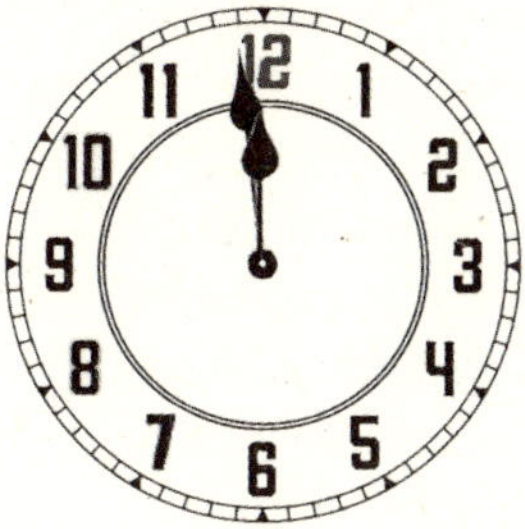

24. Dezember, 12 Uhr – Sankt Vincenz-Stift Allgäu

„Das Essen, Herr Pfarrer."

Pfarrer Aloys Suder schreckte auf. Da hatte er doch tatsächlich ein Nickerchen gemacht. Er setzte sich in seinem bequemen Sessel auf. „Stellen Sie das Essen doch bitte auf den Tisch, junger Mann. Und legen Sie noch ein Gedeck auf für den Herrn."

Der junge Mann sah erstaunt auf. Er hatte gerade vor zwei Tagen seinen Dienst in dem Altenpflegeheim begonnen. „Welcher Herr? Sie sind doch allein."

Der alte Pfarrer richtete sich noch ein Stück höher auf. „Der Herr, Jesus Christus, unser Herr. Ich weiß doch nicht, wann er kommt. Und ich habe immer für ihn gedeckt. Sie sind wohl neu hier?"

Markus, der junge Mann, nickte. „Seit zwei Tagen arbeite ich hier. Und von gestern zu heute habe ich hier sogar schlafen müssen. Sehen Sie, wie es schneit?" Er zog die Vorhänge zurück und wies auf das Schneetreiben. „Da kommt keiner durch, auch nicht der Herr."

„Das Geschirr steht im Schrank, decken Sie bitte noch ein", beharrte der Pfarrer.

Seufzend holte Markus noch ein Gedeck aus dem Schrank und stellte es auf den Tisch. „Aber Essen gibt es nur für einen." Er stellte das Essen auf den Tisch und ging schnell aus dem Zimmer.

Auf dem Flur traf er den Pfleger Christian, der ihn anlernen sollte. „Der spinnt doch", meinte er zu Christian, „ein Gedeck für unseren Herrn Jesus Christus." Er äffte den alten Pfarrer nach.
Christian zog die Augenbrauen hoch. „Daran musst du dich gewöhnen, und du solltest es beizeiten lernen. Menschen werden halt im Alter wunderlich und Pfarrer Suder ist immerhin schon 94. Wenn du damit nicht klarkommst, bist du hier falsch am Platz."
„Mann, Mann. Mach doch nicht solch einen Aufriss. Ist ja gut. Ich hab dem Alten schon einen zweiten Teller hingestellt." Markus rollte den Essenwagen weiter. „Die sind ja hier alle bekloppt." Am liebsten hätte er die Arbeit hingeschmissen. Soziales hatte ihm noch nie gelegen, und wenn er nicht das Geld gebraucht hätte, wäre er nie auf die Anzeige eingegangen.
Pfarrer Suder teilte inzwischen das Essen auf, er brauchte doch nicht mehr so viel.
Er seufzte. „Ach, Martha, wenn du das noch erleben könntest." Martha, seine Schwester, hatte ihm immer den Haushalt geführt. Doch sie war vor vier Jahren verstorben. Sie hätte ihn verstanden. Immer hatten sie sonntags den Tisch für drei gedeckt. Nun wartete er schon so lange, doch der Herr kam nicht, und er holte ihn auch nicht.
Da war doch was? Pfarrer Suder ging zur Terrassentür. Nicht einmal den Vorhang hatte der junge Mann wieder zugezogen. Pfarrer Suder sah in das Schneetreiben. Da! Jetzt hatte er es ganz deutlich gesehen. Zwei Menschen standen vor seiner Tür. Ein junges Paar, soweit er es erkennen konnte. Die beiden waren ja so vermummt. Woher die wohl kommen mochten? Bei diesem Schnee. Oh, und die Frau war schwanger. Bei dem Wetter unterwegs zu sein! So ein Leichtsinn. Der Pfarrer versuchte mit aller Kraft, die Terrassentür aufzubekommen. Doch angesichts des schon gefallenen Schnees war es keine leichte Sache, die Tür auch nur einen Spalt zu öffnen. Er klopfte an die Scheibe und versuchte dem jungem Mann deutlich zu machen, dass er mit anpacken solle. Endlich begriff der

junge Mann und half, indem er den Schnee versuchte zur Seite zu räumen. Mit vereinten Kräften gelang es ihnen, die Tür zu öffnen. „Kommen Sie herein, kommen Sie rein, schnell."

Der Mann und die Frau traten in das Zimmer. Erstaunt sahen sie sich um. „Wo sind wir denn hier?", fragte der junge Mann.

Der Pfarrer kicherte. „Willkommen im Vincenz-Stift. Das hier ist ein Pflegeheim. Aber legen Sie doch ab, Sie sind ja ganz nass." Unbeholfen nahm er den beiden die Jacken ab und hängte sie über den Heizkörper. „Nehmen Sie Platz. Es gibt etwas Gutes zum Essen: Germknödel, ich hoffe, es schmeckt Ihnen. Sie haben doch Hunger?"

Die beiden nickten und standen aber immer noch unschlüssig im Zimmer.

„Nun kommen Sie schon. Ich habe keinen Hunger. In meinem Alter ist Essen nicht mehr so wichtig."

Die beiden nahmen am Tisch Platz und Pfarrer Suder füllte ihre Teller. Dann setzte er sich in seinen Ohrensessel und sprach das Tischgebet: „Komm Herr Jesus, sei unser Gast und segne, was du uns bescheret hast. Guten Appetit."

Die beiden langten zu und schnell waren die Knödel verschwunden. „Vielen, vielen Dank." Der junge Mann und seine schwangere Frau standen auf und schüttelten dem Pfarrer die Hand. „Wir müssen aber weiter."

„Bei dem Wetter? Sie sind wohl von allen guten Geistern verlassen." Entsetzt wollte der Pfarrer sie zurückhalten. „Bleiben Sie doch hier."

Der junge Mann lächelte. „Vielen Dank für das Essen. Aber wir können hier nicht bleiben.".

„Aber warum denn nicht? Ich rufe einen der Pfleger. Sicher können Sie über Nacht hierbleiben."

Doch die beiden hatten sich schon ihre Jacken angezogen und gingen zur Terrassentür. „Das ist sehr freundlich von Ihnen. Trotzdem, wir müssen weiter." Und schon verließen sie das Zimmer.

Der alte Pfarrer wollte sie zurückhalten, doch vergebens. Der Wind wehte im Nu Schnee in sein Zimmer.

„Martha", sagte Pfarrer Suder „hast du gesehen? Der Herr ist gekommen."

24.12., 13.00 Uhr, Unwetterwarnung

Nach wie vor gilt die Unwetterwarnung vor Orkanböen, starkem Schneefall und Frost.

Die Eisenbahnlinien sind durch Schneeverwehungen, Sturmbruch sowie durch Stromausfälle nicht mehr in Betrieb. In weiten Teilen Europas ist die Stromversorgung gefährdet oder zusammengebrochen. In Polen, Russland und Weißrussland wurden erste Kältetote gemeldet.

24. Dezember, 13 Uhr – Observatorium Hoher List/Eifel

Herrmann Kalter verbrachte den Heiligabend gern auf dem Hohen List. Er war mit Leib und Seele Astronom und konnte auch zu Hause in Bonn stundenlang an seinem Teleskop sitzen. Seine Liebe galt schon immer den Sternen. Menschen redeten ihm zu viel und waren unberechenbar.

Herrmann sah auf den Bildschirm. Er traute seinen Augen kaum, und dachte an einen Sehfehler oder an einen Fleck. Das konnte doch nicht sein! Er war ganz aufgeregt. Das sah aus, wie, na wie – wie ein Komet. Herrmann Kalter überlegte: Hatte er etwas übersehen? Eine Meldung oder eine Ankündigung? Aber er konnte sich nicht erinnern. Wie konnte so etwas sein: ein Komet, den man am hellen Tag sehen konnte? Kurz entschlossen wollte er auf der Homepage der NASA recherchieren, aber er kam nicht ins Internet. Wahrscheinlich waren das frostige Wetter und der Sturm schuld. Er fluchte leise vor sich hin. Aber er hatte ja noch sein Handy.

Das musste er seinem Freund Peter mitteilen. Peter wohnte nicht weit weg, in Daun, das waren nur fünf Kilometer. „Mensch, geh doch ran“, brummelte Herrmann.

Doch das Handy sagte nur: „Der Anrufer ist momentan nicht erreichbar. Sie können jedoch gern eine Nachricht hinterlassen.“

„Hallo Peter, hier ist Herrmann. Sieh doch mal durch dein Teleskop. Und ruf mich bitte zurück. Ich komme sofort zu dir.“

Herrmann Kalter zog sich an und ging zur Tür. Sein geparkter Wagen war zugeschneit, und auch die Straße war kaum zu erkennen. Er überlegte kurz. Den Weg kannte er wie seine Westentasche. Aber fünf Kilometer durch den Schnee zu laufen? Wahrscheinlich käme er trotzdem schneller voran als mit dem Auto. In seiner Aktentasche hatte er noch einen guten Whiskey, der war für Peter und für ihn. Sollte es zu kalt werden, dann konnte er auch schon auf dem Weg einen Schluck nehmen.

Herrmann sah zum Himmel. Das gab es doch gar nicht! Jetzt konnte er den Kometen schon ohne Fernrohr entdecken. Wie herrlich der aussah. Der musste ja einen Riesenschweif haben. Voll Freude stapfte Herrmann los.

24. Dezember, 14 Uhr – Padua

Giovanni Scalli sah auf den Tisch vor sich, der übersät war mit allen möglichen Tafeln und Berechnungen. Er stützte den Kopf auf und seufzte. Nein, er konnte keinen Fehler gemacht haben. Er hatte gewissenhaft alle Konstellationen und Transzentenden überprüft. Nach seinen Berechnungen sollte heute ein Komet am Himmel erscheinen, der alle bisherigen beobachtbaren Himmelserscheinungen übertraf. Aus den alten Überlieferungen kam Giovanni Scalli zu dem Schluss, dass es sich mindestens um einen Kometen in der Art wie damals zu der Geburt Jesu handeln musste. Er war erst vor einer Stunde fertig geworden und jetzt wusste er nicht, ob er sich freuen sollte. Und wenn ja, mit wem könnte er die Freude teilen? Oder sollte er lieber abwarten, ob der Komet tatsächlich am Himmel erschien? Der Komet sollte sogar am Tag zu sehen sein. Das war erstaunlich.

Er ging zum Fenster, das sich über die Länge des gesamten Raumes erstreckte. Es war mit schweren, dunkelroten Vorhängen bedeckt. Dies war seine Eigenart, er liebte es, bei künstlichem Licht zu arbeiten. Den ganzen Tag war es draußen noch nicht hell geworden. Die dunklen Schneewolken ließen keinen Sonnenstrahl durch. Auch das Wetter war sehr ungewöhnlich. Am Vorabend hatte es ein heftiges Gewitter gegeben, danach einen Temperatursturz und dann Schnee, Schnee und nochmals Schnee. Giovanni konnte sich nicht erinnern, wann es das in Padua je zuvor gegeben hatte. Doch das passte alles zu den alten Überlieferungen. Da war die Rede vom „eisigen Würgegriff und einer alles erstickenden Schneedecke“ über Italien. „Und dennoch wird ein Licht leuchten, es wird ein Stern aufgehen, der der Dunkelheit trotzen würde und Tag und Nacht erhellen sollte.“

Giovanni zog den Vorhang zurück. Er sah in das Schneetreiben hinaus. Wo sollte denn da ein Stern sein? Ob er sich nicht doch geirrt hatte?

Doch was war das? Er rieb sich die Augen und sah noch einmal genau hin. Der Stern! Ja, das war der Stern, von dem in den alten Schriften die Rede war. Noch war er unscharf, aber man konnte die Helligkeit erahnen, die er verbreiten würde, wenn es aufhören würde zu schneien. Giovannis Herz machte einen regelrechten Sprung. Er wollte die Freude teilen, eilte zurück an seinen Arbeitstisch. Ja, er wusste jetzt, mit wem er reden wollte. Seine Tochter Bianca würde ihn verstehen. Gott sei dank wohnte sie nur ein paar Straßen weiter. Er ging in die Küche und packte einen großen Korb mit Wein, Kuchenbroten und Käse. Dann nahm er noch zwei Brocken Weihrauchharz mit, den er aus dem Iran geschenkt bekommen hatte. Bianca liebte den Duft von Weihrauch. Danach zog er sich warm an und schloss das Haus sorgfältig zu.

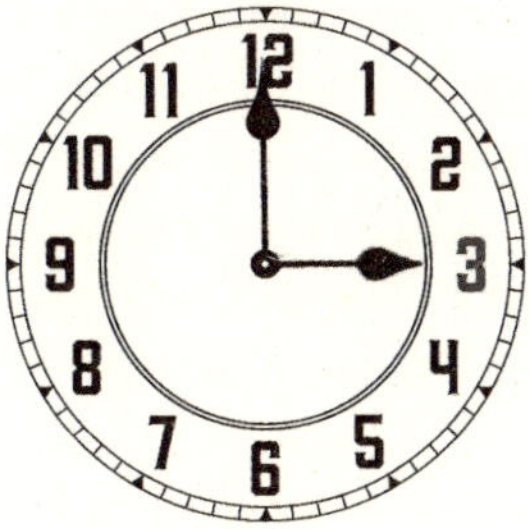

24. Dezember, 15 Uhr – York, Bischofssitz

Bischof Jonathan Hall erhob sich von der Couch und stellte den Wecker ab, der ihn mit seinem schrillen Klingeln geweckt hatte. Er stöhnte. Seine Arthrose machte ihm bei dem Wetter wieder zu schaffen. Doch er hatte zumindest fast zwei Stunden schlafen können. Jetzt freute er sich erst einmal auf eine Tasse Tee und ein paar Scheiben Gewürzkuchen. Über die Feiertage hatte er seine alte Mutter bei sich. Bloß gut, dass er sie schon vor einer Woche aus dem Seniorenstift Sankt Anna hatte holen lassen. Bei dem Wetter jetzt wäre es unmöglich gewesen. Er hörte seine Mutter mit dem Teegeschirr kommen. Unglaublich, wie rüstig die alte Dame mit ihren 86 Jahren noch war. Schwerfällig ging er zu dem runden Esstisch in der Mitte des Zimmers. Er wusste, dass es eine Weile dauern würde, bis er wieder in die Gänge kam. Dennoch freute er sich auf die Christmette, die um 22 Uhr beginnen sollte, auch wenn ihm die Kälte in der Kathedrale jedes Jahr mehr zu schaffen machte.

Der Bischof hörte ein Geräusch. Er drehte sich um. Vor ihm stand ein Paar. Zuerst war er verblüfft, dann gewann der Ärger die Oberhand. „Wie kommen Sie denn hier rein?“ Insgeheim dachte er: „Bestimmt hat meine Mutter die Tür aufgemacht. Wie oft habe ich ihr schon gesagt, dass sie nicht den elektrischen Türöffner betätigen

soll, ohne sich zu vergewissern. Es ist doch nicht ihre Aufgabe, Einlasser zu spielen." „Wer sind Sie überhaupt?"
Der junge Mann hielt dem ärgerlichen Blick stand. „Wir sind zwei Asylbewerber aus Palästina, die abgeschoben werden sollen."
„Auch das noch." Bischof Hall spürte Ärger in sich aufsteigen. Er hatte sich so auf einen ruhigen Nachmittag gefreut! Noch einmal entspannen, bevor er die Messe lesen würde. Er hatte auch keine Lust, Besuch von einem I. O., einem Immigrationsofficer zu bekommen, die in letzter Zeit verstärkt kontrollierten, und auch mit der Abschiebung im Eilverfahren nicht zimperlich waren. Seine Schmerzen verstärkten sich, wie immer, wenn er sich aufregte. Was sollte er nur machen?
„Hier können Sie nicht bleiben", meinte er barsch zu dem jungen Mann. „Sie haben doch sicher vorher in einer Asylunterkunft gewohnt. Gehen Sie bitte wieder dorthin zurück." Er ging zur Tür.
„Wie denn?", fragte der junge Mann. „Sehen Sie nicht, wie es schneit?"
„Sie sind doch auch im Schneesturm hierhergekommen. Hier können Sie jedenfalls nicht bleiben."
„Jonathan! Der Tee ist fertig. Ich habe auch für die beiden netten jungen Leute eine Tasse mit gemacht." Mit diesen Worten betrat seine Mutter das Zimmer. Sie trug ein Teetablett mit vier wunderschönen Teetassen, Kuchen und einer Kanne Tee.
„Oh, nicht doch, Mutter", stöhnte der Bischof. Insgeheim dachte er: „Auch noch das beste Teeservice." „Die beiden wollen gerade gehen."
„Aber Jonathan, bei diesem Wetter jagt man keinen Hund vors Haus." Cecilia Hall sah ihren Sohn vorwurfsvoll an.
„Du hast sie eingelassen, stimmt's?", fragte der Bischof seine Mutter. „Wie oft habe ich dir schon gesagt, dass du nicht einfach den Türöffner betätigen sollst."
Die Mutter zuckte zusammen. Gott, war ihr Sohn wieder einmal unausstehlich!

„Du hast sie reingelassen, da kannst du sie auch gleich wieder rauslassen. Ich gehe jetzt erst einmal ins Bad." Sprach's und ließ die drei zurück.
„Es tut mir so leid", murmelte Cecilia. „Das sind nur seine Schmerzen. Sonst ist er ein lieber Junge. Es tut mir so leid. Kommen Sie doch bitte mit mir in die Küche." Sie drängte den jungen Mann zur Tür, der ihr mit seiner Frau im Arm folgte.
In der Küche packte Cecilia einen Korb: frisches Brot, Schinken, Käse, eine Flasche Wein. „Warten Sie. Ich ziehe mir nur etwas Warmes an. Dann begleite ich Sie zur Notunterkunft."

24. Dezember, 16 Uhr – Krakau/Kasimiercz

Jacek Woijkowiak stand von seinem Schreibtisch auf. Er fühlte sich in diesem Jahr besser als zu den anderen Weihnachtsfesten. An denen war er immer depressiv gestimmt, während er heute fast hochgestimmt war.

Jacek, Jahrgang 1935, war in Krakau geboren. Seine Eltern hatten ihn katholisch erzogen, doch er hatte, wie er sagte, „den Glauben verloren". Sein Vater hatte im Zweiten Weltkrieg in der Polnischen Heimatarmee gegen die deutschen Besatzer gekämpft und wurde 1943 von deutschen Soldaten festgenommen und von der Gestapo verhört. Danach hatte Jacek seinen Vater nie wiedergesehen. Seine Mutter hatte das Geschehene nie verkraftet. Das Schlimmste war für sie die Ungewissheit gewesen und sie hatte bis zu ihrem Tod immer daran geglaubt, dass ihr Mann noch am Leben sei. Für Jacek war das einer der Gründe, warum er nicht mehr an Gott glaubte. Was sollte das für ein Gott sein, der so viel Schreckliches zugelassen hatte, was den Polen widerfahren war? Jacek war während seines Chemiestudiums in die Polnische Vereinigte Arbeiterpartei eingetreten. Er war nach seinem Studium an der Jagiellonen-Universität in Krakau geblieben und arbeitete dort als Professor. Bis 1989 war er vom Kommunismus überzeugt. Als dann die Solidarność im Juni 1989 die Wahlen gewonnen hatte und sich andere

Gruppierungen mit ihr verbündet hatten, war für Jacek eine Welt zusammengebrochen. Er war auf dem besten Weg gewesen, ein verbitterter Mann zu werden, der den Tag nur noch mit Alkohol überstehen konnte. Nach einem dreitägigen Alkoholexzess war er zur Entgiftung in die Klinik gekommen und hatte dort die Heilpraktikerin Alicia Zulewski kennengelernt. Die hatte ihm gesagt: „Jacek, hör auf zu saufen. Du ruinierst dich und änderst doch nichts." Alicia arbeitete ehrenamtlich auf der Station des Krankenhauses und hatte ihn jeden Tag besucht. Einen Tag vor seiner Entlassung lud sie ihn zu einem Zirkel ein, der sich mit alternativer Heilkunst und Alchemie beschäftigte. So war Jacek nach seiner Entlassung zu einem Abend mitgegangen. Rasch hatte ihn das Interesse gepackt, und er hatte begonnen sich intensiv mit der Alchemie zu befassen und hatte sich in seinem alten Haus ein Labor eingerichtet.

Nun stieg Jacek in sein Kellergewölbe hinab. Hier besaß er neben seinem recht modernen Labor auch alte Gerätschaften. Er beschäftigte sich vorzugsweise mit der Vorhersage von Ereignissen, was Segen und Fluch gleichzeitig war. Doch heute wollte er noch einmal die letzte Voraussage überprüfen, die ihm so verblüffend und überraschend erschien, als er sie vor ein paar Tagen klar vor seinem innerem Auge gesehen hatte.
Er ging zu seiner Kristallkugel und setzte sich vor sie. Dann versenkte er sich tief in die Kristallkugel. Sein Blick war nur auf sie gerichtet, keine äußeren Reize konnten ihn ablenken. Wenige Minuten später befand er sich in Trance. Er sah eine Begegnung dreier Männer vor sich. Der eine war er selbst, die anderen beiden kannte er nicht. Aber er wusste, dass sie zu den Magiern, zu den Weisen gehörten, auch wenn den beiden das nicht bewusst war. Der eine war Astronom, der andere Astrologe. Alle drei verband eines – sie hatten einen besonderen, außergewöhnlichen Stern gesehen, der Vorbote eines großen Ereignisses war, dessen Zeugen sie sein sollten. Sie hatten den Auftrag, dem großen Ereignis beizuwohnen.

Jacek versuchte, sich trotz seiner Trance noch stärker zu konzentrieren, er wollte mehr wissen. Um was für ein Ereignis sollte es sich handeln? Ein Kriegsausbruch oder eine Umweltkatastrophe? Doch das ließ sich nicht mit dem Gefühl eines tiefen Friedens und einer unbändigen Freude vereinbaren.

Er sah genauer in die Kristallkugel. Es war eine Geburt, nicht irgendeine Geburt, sondern die Wiederholung einer Geburt, die vor langer Zeit die Menschheit verändert hatte. Jacek kam langsam zu sich. Er wusste, er musste sich auf den Weg machen, um die beiden anderen zu treffen. Er hatte keine Ahnung, wie sie sich treffen sollten, war sich aber sicher, dass es zu diesem Treffen kommen würde.

Schnell stieg er wieder hinauf und warf einen Blick aus dem Fenster. Der Schnee lag über einen halben Meter hoch, doch das war kein Problem für ihn. Er besaß warme, wetterfeste Sachen, die er sich anziehen konnte. Zuvor ging er an seinen Schrank, in dem er seine selber hergestellten Salben und Medikamente aufbewahrte. Ohne lange zu überlegen, nahm er Heilsalben auf Myrrhenbasis und kräftigende Teesorten aus dem Schrank und verstaute sie in seinem Rucksack. Jacek zog sich warm an, schloss das Haus ab und machte sich auf den Weg.

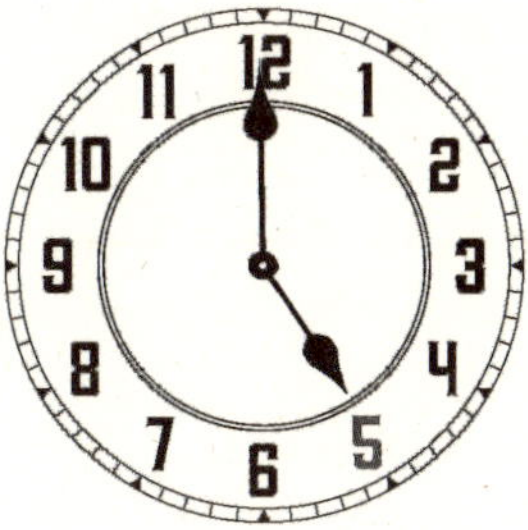

24.12., 17 Uhr, Unwetterwarnung

Bei nachlassendem Schneefall sinken die Temperaturen in weiten Teilen Europas weiter. Es ist mit Minusgraden von 20 bis 30 Grad zu rechnen. Dabei weht ein heftiger Ostwind, der zu starken Schneeverwehungen führen kann.

24. Dezember, 17 Uhr – Liptovska Osada, Slowakei

Pawel, Juraj und Mikael kochten auf dem kleinen Propangasherd Tee. Sie waren im Schafstall und hatten diese Nacht die Nachtwache übernommen. In der letzten Zeit waren Wölfe gesichtet worden, und sie hatten auch schon zwei Schafe verloren. Da die meisten Schafe den Dorfbewohnern gehörten, mussten sie den Verlust ersetzen. Sie selbst besaßen nur sechs von den dreißig Schafen.
Juraj wärmte sich die Hände an der heißen Tasse. „Ein seltsamer Tag und ein seltsamer Abend", murmelte er.
„Was heißt hier seltsam?", fragte Mikael. „Es ist ein Tag wie jeder andere. Nur dass heute Heiligabend ist und wir hier draußen festsitzen, während die anderen feiern."
Pawel sah zu den Schafen. „Sie sind irgendwie anders als sonst. Wahrscheinlich meinst du das, Juraj."
Juraj nickte. „Ich glaube, sie spüren was. Und es kann nicht nur mit dem Wetter zusammenhängen. So schlimm ist es zwar selten,

aber in den letzten Jahren gab es immer wieder solche Unwetter."
Mikael sah ihn skeptisch an. „Was sollen denn die Schafe spüren? Die sind doch nur dumm."
„Also weißt du!" Pawel funkelte ihn wütend an. „Gerade wir Hirten wissen, dass Tiere einen Sinn für Sachen haben, die uns Menschen nicht mehr auffallen."
„Wisst ihr noch", schaltete sich Juraj wieder ein, „wie die Schafe den Erdrutsch Stunden vorher gespürt haben? Sie sind wie wild von der Stelle weggelaufen, und wir mussten sie einfangen. Das hat uns damals das Leben gerettet."
„Ist ja schon gut. Also die Schafe spüren etwas. Und was soll das sein?" Mikael sah die anderen fragend an.
„Na ja, sie drängen sich so zur Tür, als wollten sie raus", meinte Pawel. „Aber das Dach ist schneesicher und ich weiß nicht, woher uns Gefahr drohen sollte. Wenn wir hier drinbleiben, sind wir sicher."
Die Schafe drängten tatsächlich zur Tür, eine graue Masse, die sich vereint hatte. Nur warum?
Juraj ging zur Tür. „Ich werfe mal schnell einen Blick nach draußen. Es hat ja auch aufgehört zu schneien. Vielleicht sehe ich etwas."
Er öffnete die Tür und rief gleich darauf: „Kommt mal raus! Das müsst ihr sehen!"
Mikael und Pawel sprangen auf und liefen zur geöffneten Tür. Der Himmel war leuchtend hell. Das Licht schien von einem großen Stern zu kommen und war so strahlend, dass sie alles deutlich sehen konnten.
„Hört ihr das?", fragte Juraj.
Sie lauschten in die Nacht, und dann hörten sie es: ein feiner heller Ton, und noch einer. Wie eine Melodie klang es. Es war kein beängstigender Ton, so wie das manchmal auftretende Pfeifen, das einen Sturm ankündigte.
„Ach du meine Güte", schrie Mikael auf, „die Schafe – seht doch nur." Sie wandten sich um. Die Schafe hatten alle den Stall ver-

lassen und bahnten sich zielsicher einen Weg durch den Schnee. Keines stolperte, keines stürzte. Sie gingen in schlafwandlerischer Sicherheit auf das Licht zu. Juraj, Mikael und Pawel stürzten in die Hütte und zogen sich in Windeseile an. Dann liefen sie ihren Schafen nach.

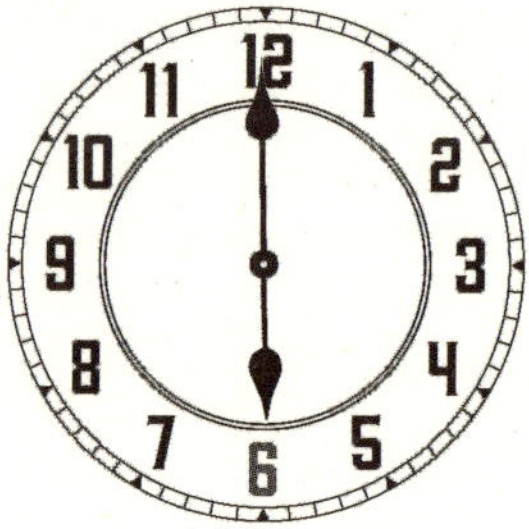

24. Dezember, 18 Uhr – Anger im Berchtesgadener Land

„Na, das wird wohl heute nichts mit der Christmette.“ Sepp Hammer sah zum Fenster.

Seine Frau Kathi begoss gerade die Weihnachtsgans. „Was meinst du – ob das Dach vom Stall wohl hält?“ Sorgenvoll blickte sie ihren Mann an. „Wir hätten es doch im Sommer noch machen lassen sollen.“

Sepp seufzte. „Wer rechnet denn auch mit solchen Schneemassen. Und dazu der Wind. Sieh mal die hohen Schneewehen an.“

Kathi trat zu ihrem Mann ans Fenster. „Gott sei Dank hat es aufgehört zu schneien, aber kalt ist's, sehr kalt.“

„Ich geh noch mal in den Stall rüber.“ Sepp ging in den Hausflur und zog sich seine gefütterten Stiefel an. „Ich will nachsehen, ob alles richtig verschlossen ist. Das würde uns grad noch fehlen, dass der Wind durch den Stall pfeift.“

Kaum hatte er die Tür geöffnet, da riss sie ihm auch schon der Sturm aus der Hand. Mit aller Kraft gelang es ihm, die Haustür zu schließen. Der Sturm heulte und tobte um das Haus. Mühsam bahnte sich Sepp einen Weg durch den Schnee, wobei ihm der Sturm immer wieder neuen Schnee ins Gesicht blies. „Herr Gott Sakra“, fluchte er vor sich hin, „ist das ein Hundewetter.“

Nach etwa zehn Minuten erreichte er endlich den Stall. Der Weg war sonst in ein paar Schritten erledigt. Er schob den schweren Holzriegel zurück und versuchte, das Tor erst gar nicht zu öffnen, damit es ihm der Sturm nicht wieder aus der Hand riss. Mit aller Macht zog er das Tor hinter sich zu. Die Kühe waren unruhig und muhten lautstark. Sogar Bruno, der Ochse, fand keine Ruhe und scharrte in seiner Box, die sich gleich neben dem Stalltor befand. „Ruhig, ruhig", versuchte Sepp die Kühe zu beschwichtigen. „Ihr seid doch sicher hier." Obwohl: So ganz beruhigt fühlte er sich nicht. Im Gegenteil, ihm war richtig mulmig. „Hoffentlich überstehen wir die Nacht", dachte er bei sich.

In diesem Moment riss die nächste Sturmbö das Stalltor auf, und schlug es krachend hin und her. Bruno wurde bei jedem Krachen unruhiger und begann gegen die Bretter zu drücken. „Bruno, ruhig, es ist nichts", versuchte Sepp den Ochsen zu beruhigen.

Doch der reagierte fast schon panisch. Beim nächsten Schlag des Tores brachen auch die Bretter vom Verschlag. Bruno schüttelte sich und stürmte zum Tor hinaus. „Bruno, du blöder Ochse, bleib hier", schrie Sepp. Doch Bruno stampfte, ohne den Blick zu wenden, in die stürmische Winternacht hinaus. Sepp stürzte hinterher. Der Sturm hatte die schweren Schneewolken vertrieben. Der Himmel klarte zunehmend auf. Es war so hell. „Wir haben doch heute gar keinen Vollmond", wunderte sich Sepp. Aber über dem Hochstaufen schien es ganz hell – sehr seltsam. Sepp sah Bruno, der wie magisch angezogen dem Licht entgegenstapfte. „Na, weit wirst du nicht kommen", schimpfte Sepp, „du doofer Ochse." Bruno aber lief immer weiter.

24. Dezember, 19 Uhr – Dorf bei Solymar, Ungarn

Ein junges Paar stapfte durch den Schnee, der einen halben Meter hoch auf der Fahrbahn lag. Auf den Fußwegen konnten sie gar nicht gehen. Die waren nicht geräumt, nur auf der Straße war irgendwann ein Schneepflug gefahren.

Obwohl das Paar dick vermummt war, war eindeutig zu sehen, dass die Frau hochschwanger war. Sie wirkte erschöpft. Der junge Mann stützte sie. Sie wandte ihm das Gesicht zu. „Ich kann nicht mehr, Yussuf. Wir müssen ganz schnell etwas finden."

Er zog sie noch fester an sich. „Geht es schon los?"

„Ich denke schon. Es ist ja unser erstes Kind, da weiß ich es nicht so genau." Sie versuchte zu lächeln, doch ein plötzlicher Schmerz im Rücken ließ das Lächeln nur verzerrt erscheinen.

„Halte noch ein Weilchen durch. Irgendwo werden wir schon unterkommen."

Vor ihnen lag ein kleines Haus mit einem Schuppen. „Komm, wir versuchen es hier."

In dem Häuschen war es bis auf ein Fenster dunkel. Yussuf ging an das Fenster und klopfte. Es dauerte eine Weile, bis die Tür aufging. Ein alter Mann stand in der Tür. „Was wollen Sie? Wissen Sie nicht, wie spät es ist? Und noch dazu am Heiligen Abend."

„Wir brauchen was zum Ausruhen. Bei meiner Frau haben die Wehen eingesetzt", sprach Yussuf den alten Mann an. Tamas Szegedi musterte die beiden misstrauisch. Wie Verbrecher sahen die nicht aus, aber auch nicht wie Ungarn. Er tippte eher auf Zigeuner, doch das konnte auch nicht stimmen. Er war selbst Zigeuner und nur über die Feiertage hier untergekommen. Was hieß schon „untergekommen"? Er hatte sich heimlich in das leer stehende Haus geschlichen, das schon lange unbewohnt schien. Tamas Szegedi hatte Angst. Angst, wie die anderen Zigeuner aus Budapest vertrieben zu werden oder ins Gefängnis zu kommen. Seit kurzer Zeit vertrieb die Polizei alle obdachlosen Zigeuner aus der Hauptstadt. Allein mit seinem Esel Istvan konnte er sich schon durchschlagen. Aber wenn er noch zwei andere dabeihätte?
„Ich wohne nicht hier. Hier wohnt niemand. Das Haus ist verlassen", meinte er und wollte schon die Tür wieder schließen.
„Dann kommt es doch auf zwei mehr nicht an", bat ihn Yussuf, „lassen Sie uns doch rein."
Tamas zögerte. Dann nahm die Angst wieder überhand. „Nein, nein. Gehen Sie weiter. Ein Stückchen aus dem Dorf finden Sie sicher noch mehr leer stehende Häuser."
„Aber sehen Sie doch: Meine Frau kann gar nicht mehr gehen. Der Schnee ist so hoch. Sie soll doch nicht auf der Straße entbinden." Yussuf flehte Tamas regelrecht an. Doch die Wirkung war völlig anders als erhofft. Tamas bekam nur noch mehr Angst. Eine Entbindung! Hier! Und er würde mit zusehen müssen, würde mit reingezogen. Nein, das war überhaupt nichts für ihn. „Gehen Sie, gehen Sie", schrie er fast wütend, zog die Tür zu und verrammelte sie mit dem, was er gerade fand. Einen alten Stuhl stellte er unter die Türklinke und räumte noch mehr vor die Tür.
Da hörte er plötzlich, wie Istvan rief „Iah, iah." Er stürzte ans Fenster und sah seinen Esel. Istvan musste sich losgerissen haben. Wie er aus dem Stall kommen konnte, war ihm unklar. Aber der Esel ging auf das Paar zu und blieb vor ihm stehen. Er rieb seinen Kopf

an der jungen Frau und blickte sie zwischendurch immer wieder an.
„Istvan! Geh sofort zurück“, schrie Tamas und wollte schnell zu seinem Esel. Doch er hatte sich selbst eingesperrt und jetzt musste er wieder alles wegräumen.
Inzwischen streichelte Yussuf den Esel. Der ging auf die Knie und schubste die junge Frau. „Du, der will, dass du dich auf ihn setzt.“
Yussuf half seiner Frau auf den Esel. Der Esel blieb geduldig, bis die schwangere Frau sich auf ihn gesetzt hatte. Dann stand er ganz vorsichtig auf und setzte sich zielstrebig in Bewegung.
Als Tamas endlich zur Tür herauskam, sah er die beiden und seinen Esel schon fast am Dorfende. Sie entschwanden seinen Blicken schneller, als er laufen konnte.

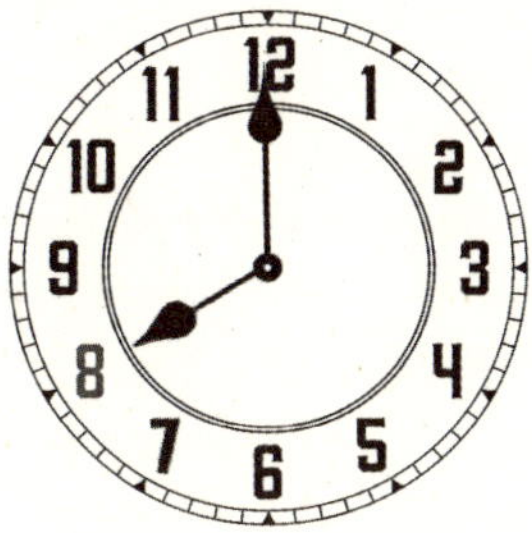

24. Dezember, 20 Uhr – Dreiländereck: Deutsch Jahrndorf-Rajka-Čunovo

Pawel, Juraj und Mikael liefen noch immer ihren Schafen nach. „Komisch, ich habe den Eindruck, wir laufen schneller als sonst, und das bei dem Schnee. Eigentlich müssten wir doch gar nicht vorankommen“, meinte Pawel nachdenklich zu den beiden anderen.

„Jetzt, wo du das sagst, fällt es mir auch auf“, stimmte Juraj zu.

„Ich bin sonst nach einem Kilometer schon völlig fertig, und mir kommt es so vor, als wären wir schon weiter fort.“ Mikael lachte. „Vielleicht fliegen wir ja. In der Heiligen Nacht ist alles möglich, meint meine Urgroßmutter.“

Vor sich sahen sie ihre Schafe, die scheinbar mühelos über den Schnee liefen.

„Seht doch! Die sinken gar nicht ein. Das ist eigentlich gar nicht möglich. Es ist ja alles Neuschnee.“ Mikael wusste nicht so recht, was er davon halten sollte. Hatte seine Urgroßmutter vielleicht recht? Der Stern schien immer näher zu kommen. Zumindest nahm sein Leuchten so zu, dass die Nacht fast taghell war.

„Ich hab mal gehört“, meinte Juraj, „dass die Tiere Unheil viel früher spüren als Menschen. Vielleicht ist das ja so etwas.“

„Ach was", meinte Pawel, „du denkst wohl an einen Kometenaufprall? Und wieso bewegen wir uns dann so schnell? Das passt alles nicht zusammen."

„Mensch, seht mal!" Mikael schrie fast. „Die Schafe!"

Die beiden anderen sahen in die Richtung, in die Mikael zeigte. Sie sahen ihre Schafe auf ein Gebäude zulaufen. Ein Schaf nach dem anderen lief darauf zu und verschwand im Inneren. „Ob das eine Scheune ist", fragte Mikael, „oder ein großer Stall?"

Pawel blieb nachdenklich stehen. „Wir müssen da rein." Sie passierten ein Schild, das ihnen anzeigte, wo sie sich befanden: Deutsch Jahrndorf-Rajka-Čunovo.

„Das ist doch hunderte Kilometer von Liptovska weg. Ich denk, mich tritt ein Pferd." Juraj sah auf die Armbanduhr. „Wir sind jetzt drei Stunden unterwegs, aber mir kommt es vor, als sei gerade eine halbe Stunde vergangen."

„Mich wundert gar nichts mehr", antwortete Pawel. „Hauptsache, wir haben unsere Schafe nicht verloren." Er hatte gerade das Tor erreicht, durch das die Schafe gegangen waren. „Es ist tatsächlich eine große Scheune. Seht mal, wie viel Heu und Stroh hier liegt."

„Da fällt mir aber ein Stein vom Herzen", seufzte Mikael. „Wenigstens haben die Schafe genug zu fressen."

„Huch, wo kommt denn der her?" Juraj wies erschrocken auf einen Ochsen. Der ließ sich aber durch die drei Jungen nicht stören, sondern gesellte sich zu den Schafen.

„Ja, das sieht so aus, als wenn die sich unterhalten. Das glaubt uns keiner." Pawel starrte ungläubig auf die Tiere. Der Ochse scharrte einen Platz frei, und die Schafe lagerten sich um den Platz. Von den Tieren ging eine Wärme aus, die den ganzen Raum ausfüllte.

In diesem Moment hörten sie lautes Bellen. Die drei erschraken heftig. „Hoffentlich ist der Hund nicht bösartig. Ich habe keine Lust, mich mit einem unbekannten Hund anzulegen", flüsterte Juraj den beiden anderen zu.

„Das muss ein ganz großer sein“, flüsterte Pawel zurück. „So wie der bellt.“ Die drei drückten sich in eine Ecke und versuchten sich ganz klein zu machen, als sie den Hund sahen: ein riesiger Bernhardiner.
„Ist gut, Rex. Aus!“, rief Mikael dem Hund zu.
Die beiden anderen sahen ihn an. „Woher weißt du denn, wie der heißt?“
„Ich weiß auch nicht. Das kam mir nur gerade in den Sinn“, antwortete Mikael verlegen. Der Hund kam auf sie zu, roch an ihnen und leckte sie ab, während die drei reglos stehen blieben. Dann trottete der Hund zu dem Ochsen. Die beiden schienen sich richtig zu mögen. Sie legten sich nebeneinander nieder.

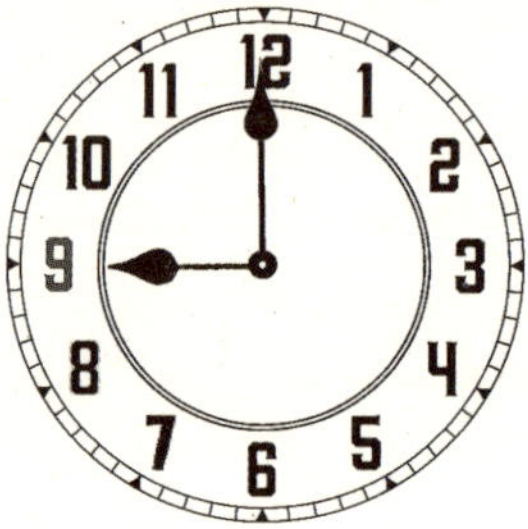

24. Dezember, 21 Uhr – Dreiländereck: Deutsch Jahrndorf-Rajka-Čunovo

Herrmann Kalter sah sich verwirrt um. Wo war er denn hier gelandet? Das war definitiv nicht Daun. Es sah so fremdartig aus. Er sah auf seine Uhr. Er war doch nur eine Stunde oder anderthalb gelaufen. Doch die Uhr sagte ihm etwas anderes. Nach seiner Uhr war er acht Stunden unterwegs gewesen. Das konnte nicht sein.

Plötzlich stand er vor einem Schild: „Dreiländereck: Deutsch Jahrndorf-Rajka-Čunovo“.

Mein Gott, wo war das denn? Er kniff sich in den Arm. Ob er träumte oder schon erfroren war? Der Schmerz belehrte ihn eines Besseren. So etwas war ihm noch nie passiert. Er sah einen anderen Mann auf sich zukommen. „Komisch“, dachte er, „noch einer, der nachts unterwegs ist.“ Er ging auf den Mann zu. „Hallo Giovanni“, sagte er, und streckte dem anderen die Hand hin. Im gleichen Augenblick fuhr ihm ein Gedanke durch den Kopf. „Wieso weiß ich, wie der heißt? Ich träume vielleicht doch.“

Der andere nahm seine Hand, schüttelte sie und zog Herrmann Kalter an die Brust.

„Mensch, Herrmann. Das ist ja eine Überraschung.“ Giovanni stutzte einen Moment und fragte dann „Wieso weiß ich, wie du heißt?“

„Das habe ich mich auch gerade gefragt. Aber egal, dies ist eine komische Nacht", entgegnete Herrmann. „Ich weiß nicht, wie ich hierhergekommen bin, ich weiß nicht, woher ich weiß, wie du heißt."
„Mir geht es ebenso", antwortete Giovanni. „Gerade war es noch vierzehn Uhr, und ich wollte nur schnell zu meiner Tochter Bianca, um ihr von dem Stern zu erzählen."
„Dem Stern?", wunderte Herrmann. „Du bist also auch wegen des Sterns unterwegs?"
„Natürlich, du doch auch. Ich habe so lange über den alten Aufzeichnungen gesessen und wollte das Datum bestimmen, wann der große Meteor erscheint. Und als ich es herausfand, da stand er schon am Himmel." Die Worte sprudelten nur so aus Giovanni heraus, so sehr war er von Begeisterung und Freude erfüllt. Er hatte in Herrmann einen Seelenverwandten gefunden und wollte ihn an seiner Begeisterung teilhaben lassen. Herrmann dagegen war zurückhaltender. Das war er immer schon gewesen. „Ich bin halt ein nüchterner Astronom", dachte er bei sich. „Ich kann mich schon begeistern, aber doch nicht so."
„Nun, was ist?", riss ihn Giovanni aus seinen Gedanken. „Du freust dich doch auch. Und", dabei blickte er ihn verschmitzt an, „und du hast doch etwas mit, was uns noch mehr erwärmen kann. Es wäre eine gute Gelegenheit, einen Whiskey zu trinken."
„Mich überrascht nun nichts mehr", brummelte Herrmann vor sich hin und holte die Flasche heraus.
„Aber Hallo!", rief Giovanni aus, „da kommt noch einer zu uns." Er wies auf einen alten Mann, der durch den hohen Schnee auf sie zustapfte.
„Es war vorbestimmt, dass wir uns hier treffen", begrüßte der alte Mann die beiden anderen herzlich und umarmte sie. „Herrmann, Giovanni. Wie schön euch beide hier zu treffen."
Die beiden sahen sich verdutzt an. Nicht, dass sie sich wunderten, woher er ihre Namen wusste, doch dass er es so selbstverständlich aufnahm und sich nicht darüber wunderte, das war es, was sie beeindruckte.

„Jacek aus Krakau?", fragte Herrmann.
„Genau der. Und der letzte von uns dreien, der hier eintrifft", bestätigte Jacek Woijkowiak.
„Wir sind die Heiligen Drei Könige, die drei A's", lachte Giovanni glucksend. „Ein Astronom, ein Astrologe und ein Alchemist. Welch komisches Zusammentreffen."
„Nicht doch die drei Könige. Wir sind die drei Weisen, die zusammengetroffen sind", korrigierte ihn Jacek lächelnd. Dann wandte er sich an Herrmann. „Lass deine Flasche noch zu, ich glaube wir können sie später besser gebrauchen."
„Und was machen wir jetzt?", fragte Herrmann die beiden anderen.
„Wir gehen da rüber in die Scheune", meinte Jacek bestimmt. „Da werden wir sicher erwartet." Er hakte sich bei den beiden anderen ein und zog sie mit sich.
Als sie die Scheune erreichten, waren sie überrascht. Es war warm und gemütlich.
Sicher lag das an den vielen Schafen. Dann sahen sie die drei Jungen, die in der Mitte der Scheune saßen und sich leise unterhielten.
„Na ihr drei", begrüßte sie Giovanni, „worauf wartet ihr denn"? Pawel, Juraj und Mikael sprangen erschrocken auf. Als sie die drei Männer näher in Augenschein nahmen, legte sich ihre Angst. Die drei Männer sahen so seltsam aus: ein alter Mann und zwei jüngere Männer, die aussahen, als ob sie sich schon lange kennen würden und freundschaftlich verbunden wären.
Juraj antwortete als Erster. „Wir wissen es nicht."
Mikael ergriff als Nächster das Wort: „Woher kommt ihr denn?"
Jacek antwortete: „Ich bin Jacek und komme aus Krakau." Dann zeigte er auf Herrmann. „Das ist Herrmann, er kommt aus der Eifel, und Giovanni stammt aus Padua."
Die Jungen waren beeindruckt. „Von so weit her. Wir kommen ..."
Pawel konnte den Satz nicht zu Ende bringen, da ihm Herrmann schon ins Wort fiel: „aus der Niederen Tatra."

Pawel starrte ihn verblüfft an. Herrmann lachte leise. „Fragt nicht, woher wir das wissen. Wir wissen es eben. Habt ihr noch Platz für uns?“

Die drei Jungen nickten. „Hier ist genug Platz. Und je mehr wir sind, umso gemütlicher wird es“, meinte Juraj.

24. Dezember, 22 Uhr – Dreiländereck: Deutsch Jahrndorf-Rajka-Čunovo

„Vom Himmel hoch, ihr Englein kommt, eija, eija, susanni, susanni, susanni." Singend stapften Tobias und Ruth durch den tiefen Schnee. Ihre Wangen waren gerötet, aber sie spürten die Kälte nicht mehr so stark wie am Vormittag.

„Wir müssten sie doch schon längst gefunden haben", maulte Tobias.

„Da vorn sind sie ganz sicher", freute sich Ruth und zog ihren Bruder mit sich. „Sieh mal, das Licht! Wie hell es hier ist." Die beiden sahen die Scheune vor sich. „Nur noch ein Stückchen", bettelte Ruth, die merkte, dass ihr Bruder keine Lust mehr hatte.

„Ich will nach Hause." Tobias wollte auf einmal nicht mehr.

„Ach, komm doch. Es ist nicht mehr weit." Ruth zog ihren Bruder mit sich.

„Woher weißt du denn, dass es da ist", fragte Tobias und ließ sich widerstrebend von Ruth weiterziehen.

„Hallo, ihr beiden", ertönte eine Stimme hinter ihnen.

Die Kinder drehten sich um und sahen eine alte Frau im langen Gewand. Ruth stieß ihren Bruder an. „Was hat die denn an", flüsterte sie Tobias zu.

„Ich glaube, es ist eine Nonne. Vati hat mich im letzten Urlaub mal in ein Kloster mitgenommen. Da waren auch solche komischen Frauen."

Die alte Frau lachte. „Du hast ganz recht, Tobias. Ich bin eine Nonne und das ist meine Tracht, sozusagen meine Berufskleidung. Euer Vater zieht doch auch sonntags einen Talar an."

„Wieso kennst du uns?", fragte Tobias erstaunt. Er überlegte kurz und meinte dann: „Du heißt Donata. Aber ich habe dich noch nie gesehen."

Schwester Donata lachte wieder. „Ich euch auch nicht. Und ich weiß wirklich nicht, woher ich euch kenne. Aber das macht nichts. Wir sind jetzt hier und ich bin ganz gespannt, ob ich endlich das Paar einhole."

„Du auch?" Ruth griff nach der Hand der Ordensschwester. „Da bin ich aber froh, dass du hier bist."

„Halt, halt. Wartet!", rief es hinter ihnen.

Schwester Donata drehte sich um. „Pfarrer Suder. Das ist ja eine Überraschung. Sie auch hier?" Schwester Donata schüttelte dem alten Pfarrer die Hand. „Wir haben uns kurz mal auf einer Wallfahrt in Altötting gesehen. Erinnern Sie sich noch?"

Pfarrer Suder schmunzelte. „Natürlich, Schwester Donata. Aber jetzt kommen Sie, die Zeit drängt." Er sah die beiden Kinder und lächelte ihnen zu. „Das ist ja schön, dass ihr auch mitgekommen seid. Wir müssen jetzt in die Scheune." Zielstrebig ging Pfarrer Suder voran. „Da kommen noch zwei. Die haben auch den gleichen Weg." Er zeigte auf zwei Männer, die ihnen folgten. Die kleine Gruppe blieb stehen und wartete auf die beiden Männer.

„Brandner mein Name", stellte sich der eine sich vor und zog den anderen an der Hand mit sich. „Das ist Anton, aus Zürich."

Anton wirkte verlegen. „Einen schönen Abend auch." Er zögerte einen Moment. „Was wollen wir eigentlich hier?"

Schwester Donata ließ ein kleines Lachen erklingen. „So recht, weiß ich das auch nicht. Ich habe aber das Gefühl, dass wir da in der Scheune gebraucht werden."

In der Scheune hatten Juraj, Mikael und Pawel inzwischen schon Holz für ein Feuer zusammengesucht und waren dabei, das Feuer zu entfachen.

Schwester Donata sah sich um. „Da ist ja sogar ein Topf", freute sie sich. Sie nahm den Topf und drückte ihn Tobias in die Hand. „Mach den Topf ganz voll Schnee, Tobias. Wir brauchen heißes Wasser. Deine Schwester kann dir dabei helfen."

Tobias und Ruth machten sich gleich daran, den großen Topf mit Schnee zu füllen und kamen nach wenigen Minuten zurück. Inzwischen hatten die drei Hirten das Feuer entfacht und eine Vorrichtung zum Erwärmen gebastelt. Juraj nahm den beiden Kindern den Topf ab und hängte ihn über dem Feuer auf. Dann nahmen alle rings um das Feuer Platz. Jeder packte aus, was er mitgebracht hatte. Anton packte die Handtücher und das Bettlaken aus und legte es auf einen Strohballen. Schwester Donata legte die Babysachen dazu.

Herr Brandner nahm die Kekse, Apfelsinen und die Schokolade aus seinem Beutel. „Das wird ja immer mehr", meinte er lächelnd. „Und die drei Herren?" Er sah fragend zu Herrmann, Jacek und Giovanni.

„Wir haben natürlich auch etwas dabei", antwortete Herrmann Kalter und zog eine Whiskeyflasche aus seiner Manteltasche. „Na und du, Giovanni?"

Giovanni nahm seinen Korb und stellte ihn neben dem Strohballen ab. „Hier, seht mal: Ich habe Käse, Kuchenbrot, Wein und Weihrauch mit. Und du, Jacek?"

Jacek packte seinen Beutel aus. „Ich habe Heilsalbe mit und verschiedene Teesorten. Vielleicht können wir ja alle einen kräftigen Tee gebrauchen?"

Schwester Donata nickte zustimmend.

„Ich habe da noch einen anderen Topf gesehen." Tobias sprang eifrig auf und holte den Topf. Jacek griff in die verschiedenen Teetüten und stellte eine Mischung zusammen, die er in den Topf warf. Dann goss er das heiße Wasser darüber. Bald stieg ein aromatischer Duft auf.

„Hier, wir haben Becher bei uns." Juraj zog mehrere Becher aus seinem Rucksack.

Jacek füllte jedem einen Becher mit Tee. Sie tranken ihn langsam, mit kleinen Schlucken.
„Da kommt noch jemand." Mikael zeigte auf eine alte Frau, die gerade die Scheune betrat. „Das sieht ja nach einem richtig großen Treffen aus."
Pawel sprang auf und rief: „Hereinspaziert, hereinspaziert. Wir haben genug Platz." Die anderen lachten und sahen auf die alte Frau, die schüchtern in dem großen Scheunentor stehen geblieben war.
Schwester Donata ging auf sie zu. „Sie sind Miss Hall?"
Die alte Frau sah die Schwester erstaunt an und lächelte dann. „Ja. Woher kennen Sie mich?" Sie ließ den Blick über die Runde schweifen und plötzlich murmelte sie die Namen der Anwesenden: „Mikael, Juraj, Pawel, Tobias und Ruth, Schwester Donata, Pfarrer Suder, Herr Brandner, Anton, Herrmann Kalter, Giovanni Scalli, Jacek Woijkowiak, Rex und Bruno. Komisch, woher ich euch wohl alle kenne."
„Das haben wir uns auch schon gefragt", meinte Pawel und gab ihr einen Becher mit heißem Tee. „Aber uns wundert heute gar nichts mehr."

24. Dezember, 23 Uhr – Dreiländereck: Deutsch Jahrndorf-Rajka-Cunovo

Istvan, der Esel, trabte wie von unsichtbarer Hand gezogen immer weiter.
„Wie geht es dir?", fragte Yussuf seine Frau.
„Nicht so gut. Die Wehen werden immer stärker. Wir müssen schnell ein Quartier finden", antwortete Miriam und stöhnte dabei.
„Aber wir haben doch schon alles versucht", antwortete Yussuf frustriert. „Hier sieht es auch schon aus, wie am Ende der Welt."
Der Esel – als hätte er alles verstanden – beschleunigte seinen Schritt leicht und hielt auf ein Gebäude zu, das plötzlich vor ihnen aufgetaucht war.
„Sieh mal, Yussuf", lächelte Miriam, „das tut es zur Not auch."
Yussuf war eher skeptisch. „Wir sind heute den ganzen Tag abgewiesen worden."
„Ach, das stimmt doch gar nicht", widersprach Miriam. „Wir haben einige getroffen, die uns helfen wollten."
„Ja, wollten! Sie haben es aber nicht getan." Yussuf klang frustriert.
„Du bist ungerecht. Denk nur an den alten Pfarrer."
„Aber das hilft uns jetzt auch nicht weiter." Yussuf lief nun fast hinter dem Esel her und konnte kaum noch Schritt halten. Der Esel steuerte zielstrebig auf die Scheune zu und stieß das nur leicht

angelehnte Tor auf. Miriam und Yussuf waren überrascht: so viele Menschen um diese Zeit und an diesem Ort! Doch ehe sie etwas sagen konnten, waren schon zwei alte Frauen bei ihnen. Sie stützten Miriam und halfen ihr von dem Esel herunter.

„Kommen Sie nur“, ermunterte sie Schwester Donata. „Wir haben schon alles vorbreitet.“ Die beiden Frauen führten Miriam in einen abgetrennten Teil der Scheune. Dort lagen auf dem Stroh ein Leintuch, Handtücher, Windeln, Babywäsche – alles war vorhanden.

„So“, rief Cecilia Hall, „ihr Männer macht euch mal nützlich. Wir brauchen heißes Wasser und etwas zur Stärkung. Der heiße Tee war gerade richtig.“

Auf einmal ging ein Gewusel los, jeder wollte helfen, jeder wollte etwas tun. Und sie standen sich dabei nicht im Weg. Ein jeder schien genau zu wissen, was er zu machen hatte. Nur Yussuf stand etwas hilflos da, er schüttelte den Kopf. Er verstand das alles nicht. Herrmann Kalter ging auf den jungen Mann zu und reichte ihm die Whiskeyflasche. „Na los, einen Schluck. Man wird nicht alle Tage Vater.“ Er sah den zögerlichen Blick, den der Mann auf das Etikett warf.

„Das ist heute Medizin und kein Schnaps“, versuchte ihn Herrmann zu beruhigen. Yussuf griff nach der Flasche und nahm einen Schluck. Es strömte warm durch seinen Körper und er fühlte sich erstmalig an diesem Tag geborgen. Er wusste, dass es nicht an dem Alkohol lag.

Bald darauf hörten sie alle das Schreien eines neugeborenen Kindes.

„Es ist ein Mädchen.“ Schwester Donata hob das kleine nackte Menschlein hoch und lachte glücklich.

Die anderen in der Scheune drängten sich, um das Mädchen zu sehen.

„Nichts da“, gebot Schwester Donata dem Gedränge Einhalt. „Erst müssen wir das Baby waschen und anziehen und dann ist die Mama dran.“

24. Dezember, 24 Uhr – Dreiländereck: Deutsch Jahrndorf-Rajka-Čunovo

Hendrik Boest wusste weder, wie lange er gelaufen war, noch wo er sich gerade befand. Er hätte erschöpft sein müssen, doch eine freudige Erregung trieb ihn an. Vor sich sah er ein großes Gebäude, das von einem starken Licht überstrahlt wurde. Aus dem Gebäude klangen Lachen und fröhliches Stimmengewirr. Dazwischen vermeinte er auch das Schreien eines kleinen Kindes zu hören.

Den ganzen Tag war er den Spuren des Paares gefolgt. Doch jetzt schien er am Ziel zu sein. Er fühlte sich befangen und irgendwie auch ausgeschlossen. Was sollte er sagen, wenn er hineinging? „Entschuldigung, dass ich Sie heute früh mit meinen Kameraden überfallen habe?" Zögernd ging er auf das Gebäude zu. Als er einen jungen Mann sah, der gleichfalls dasselbe Ziel zu haben schien, atmete er erleichtert auf.

Jochen Huber sah den jungen Polizisten, der sich unschlüssig auf das Gebäude zubewegte. Er freute sich, dass er nicht allein war und rief den Polizisten. „Hallo, hallo, warte doch. Wir können doch zusammen da rein."

Hendrik blieb stehen und wartete auf Jochen. „Was hast du denn da in deinem Beutel", fragte er Jochen neugierig.

„Na was zum Essen. Stollen, Kekse", entgegnete Jochen. „Ich glaube, die haben Hunger." Er zeigte Hendrik den Inhalt des Beutels. Dann zog er Hendrik mit sich. „Wir müssen uns beeilen."

„Wartet, wartet!" Ein weiterer junger Mann lief hinter ihnen her. „Ich will auch mit."

Er holte sie ein. „Du bist Hendrik?", wandte er sich an den Polizisten: „Und du musst Jochen sein."

Sebastian schüttelte ihnen die Hand.

Jochen sah ihn erstaunt an. „Du kommst doch aus Graz?"

„Ja, ich habe dich aber vorher noch nie gesehen. Komische Sache das."

„Wieso komisch?", fragte Jochen verwundert zurück. „Heute ist Weihnachten. Da ist das doch ganz normal. Meine Oma hat mir immer erzählt, dass Weihnachten die Menschen mit den Tieren reden können."

Hendrik wollte schon sagen: „Das sind doch Ammenmärchen und Kindergeschichten", doch das kindliche Lächeln auf Jochens Gesicht hielt ihn zurück. Und es war ja auch etwas dran. Wieso konnte er sich so problemlos mit den beiden verständigen?

„Ich bin Sebastian", sagte der neu hinzugekommene junge Mann. „Ich habe etwas zusammengepackt, was die beiden gebrauchen können."

Hendrik nickte. „Das ist ja auch logisch, wenn wir alle dem Paar gefolgt sind. Aber wieso denke ich, dass das logisch ist?" Er schüttelte verwirrt den Kopf. Jochen beobachtete ihn und lachte dann. „Keine Angst, das ist halt so. Ganz klar." Dann drehte er sich um und rief „Hallo, hallo. Wir sind hier!" Winkend und gestikulierend bedeutete er zwei Frauen, sich ihnen anzuschließen.

Die beiden Frauen kamen eilig auf sie zu. „Wo sind sie?", fragte die ältere der beiden.

„Ich vermute in der großen Scheune da vorn", antwortete Sebastian.

„Na dann", meinte die jüngere Frau. „Wollen wir nicht endlich zu ihnen gehen, Ljudmilla?"

Ljudmilla fasste die jüngere Frau am Arm. „Kommt." Sie wandte sich an die drei jungen Männer. „Habt ihr schon lange gewartet?"
„Nein", entgegnete Hendrik. „Wir haben uns gerade erst hier getroffen."
Die kleine Gruppe ging los. Es waren nur noch wenige Meter bis zur Scheune.
Als sie eintraten, empfing sie eine angenehme Wärme. Die Scheune war voll und bot dennoch reichlich Platz. Die Schafe lagen zusammengedrängt neben einem großen Bernhardiner. Ein Ochse und ein Esel fraßen beide einträchtig Heu. Zwei alte Frauen kümmerten sich um die junge Mutter und das neugeborene Mädchen. Währenddessen unterhielt sich eine Gruppe Männer mit drei Hirten und dem Vater des Kindes.
„Hereinspaziert", rief Giovanni fröhlich und schwenkte ein Glas Wein in der Hand.
Die fünf traten näher. Sie räumten ihre Taschen und Beutel aus und legten alles auf ein Handtuch. Nur Hendrik hatte nichts und fühlte, wie ihm das Herz in die Hosen rutschte. „Was soll ich denn machen", fragte er Judith, die gerade ihren 100-Euro-Schein auf das Handtuch gelegt hatte. „Ich habe gar nichts."
„Das macht doch nichts", tröstete ihn Judith. „Hauptsache, du bist hier."
Sebastian hatte inzwischen die Babysachen ausgepackt und ging zu Schwester Donata. „Hier", sagte er und reichte ihr die Sachen mit einem verlegenen Lächeln. „Die haben mir so gefallen."
„Warum gibst du sie nicht der Mutter?", fragte ihn Schwester Donata und zog ihn mit sich zu Miriam.
Miriam sah erschöpft, gleichzeitig auch glücklich aus. Sie sah sich die Sachen an. Die Strampler und Jüpchen, die Hemdchen und Höschen. „Sind die niedlich", sagte sie, mit einem Lächeln zu Sebastian. „Danke. Das können wir gut gebrauchen."
„Wie soll denn die Kleine heißen", fragte Jochen neugierig und konnte keinen Blick von dem kleinen Bündel wenden.

Miriam rief Yussuf. „Yussuf! Wie wollen wir denn die Kleine nennen?"
Yussuf zuckte mit den Schultern. „Darüber habe ich mir, ehrlich gesagt, noch keine Gedanken gemacht. Ich hatte eher mit einem Jungen gerechnet", meinte er verschämt.
Schwester Donata, Cecilia Hall und Miriam mussten lachen. „Diese Männer! So sind sie nun mal", prustete Schwester Donata. „Aber Sie haben sich doch gewiss für alle Fälle zwei Namen überlegt."
Miriam überlegte kurz. „Kristina, ja, Kristina. Das würde mir gut gefallen."
Cecilia wandte sich zu den anderen. „Sie soll Kristina heißen."
Die anderen lachten und Herr Brandner sagte: „Ein schöner Name."
Yussuf ging von einem zum anderen und umarmte jeden und murmelte bei jedem ein „Dankeschön".
Die anderen klopften ihm auf die Schulter, zogen ihn an sich. „Du musst dich nicht bedanken", meinte Jacek, „wir müssen uns bedanken."
„Und jetzt wird gefeiert", rief Juraj. Er zog seine Mundharmonika aus der Tasche und stimmte ein slowakisches Lied an. Alle sangen mit, und dann stimmten alle nacheinander Lieder aus ihrer Gegend, aus ihrer Heimat an. Zuerst sangen Juraj, Mikael und Pawel ein slowakisches Hirtenlied. Dann sang Schwester Donata ein deutsches Kinderlied, in das auch Herr Brandner, Herr Kalter und Pfarrer Suder einstimmten. Ljudmilla sang ein Lied aus dem Kosovo, Sebastian und Jochen sangen ein österreichisches Weihnachtslied. Danach begann Judith zu singen und der Klang ihres warmen Soprans füllte die ganze Scheune. Alle lauschten dieser Stimme, die sich so mühelos in die Höhe schwang.
Schwester Donata wischte sich verstohlen die Augen. „Wie ein Engel, nicht wahr", wandte sie sich an Pfarrer Suder. Der nickte ergriffen. Die Ergriffenheit wich aber einem unterdrückten Lachen, als Anton mit seinem Bass ein Trinklied anstimmte. Bald mussten

alle mehr oder weniger laut lachen, denn das Lied war einfach zu komisch. Trotzdem empfand es keiner als störend. Im Gegenteil, es ermutigte Ruth und Tobias, ebenfalls zu singen, was sie sonst nur ungern taten, noch dazu vor so vielen Menschen.

Danach stimmte Giovanni ein italienisches Weihnachtslied an. Das war so fröhlich und so eingängig, dass alle mitsummten und sich sogar an dem Refrain erprobten.

Als Letzter sang Jacek Woijkowiak zwei polnische Lieder. Das erste war traurig und getragen, doch das zweite Lied klang heiter. Jacek sang versunken und wiegte sich dabei im Takt. Nach und nach begannen auch die anderen, sich zu dem Lied zu bewegen.

Sogar die Tiere schienen von der Fröhlichkeit und den Liedern angesteckt. So ging es die ganze Nacht hindurch. Abwechselnd wurde gesungen, getanzt, gegessen und getrunken. Alle waren sich einig: Es war eine besondere Nacht.

Epilog – oder: Was danach geschah

Am 25.12. wurde Oberarzt Bleier von der Nachtschwester zu Herrn Brandner gerufen. Er konnte nur noch dessen Tod feststellen.
„Es ist sicher eine Erlösung für ihn", sagte die Krankenschwester. Und wenn sie ihn so ansah, dachte sie, dass es für diesen Patienten zutraf: Er sah richtig erlöst aus.
Auch Pfarrer Suder wurde am nächsten Morgen von dem Pfleger Christian tot aufgefunden. Markus, der mit dabei war, murmelte vor sich hin: „Er ist heimgegangen." Und er wunderte sich, dass er solche Worte benutzte, die ihm sonst immer abgedroschen vorkamen. Aber wenn er der alten Pfarrer so sah, dachte er: „Irgendwie passt das. Es sieht so aus, als wäre er zu Hause angelangt."

Tobias und Ruth freuten sich über die Weihnachtsgeschenke.
Hendrik Boest besuchte alsbald seine Großeltern.
Anton zog morgens wieder mit seinem Kumpel Freddy los.
Cecilia Hall kochte Tee für ihren Bruder.
Ljudmilla bereitete das Mittagessen für ihre Kinder vor, die immer am ersten Weihnachtsfeiertag kamen.
Judith sang im Festgottesdienst, und alle waren sich einig: So schön und ergreifend hatte sie noch nie gesungen.
Pawel, Juraj und Mikael fütterten die Schafe.

Jochen Pichler schlief sich aus.
Sebastian feierte mit seinen Eltern.
Der Esel Istvan, Bruno der Ochse und der Bernhardiner Rex kamen nie zu Hause an.
Sie ziehen immer noch durch die Welt, und der eine oder andere mag ihnen auch schon begegnet sein.
Giovanni Scalli, Herrmann Kalter und Jacek Woijkowiak blieben weiterhin in Kontakt und besuchten sich reihum.

An die Nacht konnte sich keiner mehr erinnern. Aber immer wieder lag in ihren Augen ein Staunen, als ob sie etwas ganz Außergewöhnliches erlebt hätten.